ULTIMAT FRANSK ÉCLAIRS LEDELSE

Din komplette guide til at lave franske Éclairs derhjemme

Clara Hansson

Copyright materiale ©2024

Alle rettigheder forbeholdes

Ingen del af denne bog må bruges eller transmitteres i nogen form eller på nogen måde uden korrekt skriftligt samtykke fra udgiveren og copyright-indehaveren, bortset fra korte citater brugt i en anmeldelse. Denne bog bør ikke betragtes som en erstatning for medicinsk, juridisk eller anden professionel rådgivning.

INDHOLDSFORTEGNELSE

INDHOLDSFORTEGNELSE **3**

INTRODUKTION **7**

SPEJLGLASEREDE ECLAIRS **8**

1. SPEJLGLASERET ÆGGESNAPS ECLAIRS 9
2. GALAXY MIRROR GLASERET HVID CHOKOLADE ECLAIRS 13
3. FARVERIGE ECLAIRS MED MIRROR GLAZE OG SAND CRUMB 16
4. SPEJLGLASERET HVID CHOKOLADE ECLAIRS 19
5. ECLAIRS MED PINK MIRROR GLAZE 22
6. CHOKOLADE HASSELNØDDE SPEJL GLASERET ECLAIRS 25
7. HINDBÆR LEMON MIRROR GLASEREDE ECLAIRS 28
8. KAFFE KARAMEL SPEJLGLASERET ECLAIRS 31
9. MATCHA HVID CHOKOLADE SPEJL GLASEREDE ECLAIRS 34

CHOKOLADE ECLAIRS **37**

10. KARAMEL CHOKOLADE ECLAIRS 38
11. CHOKOLADE ECLAIRS MED CREMEFYLD 40
12. CHOKOLADE GRAND MARNIER ECLAIRS 43
13. FROSNE CHOKOLADE MINT ECLAIRS 47
14. MINI CHOKOLADE ÉCLAIRS 50
15. JELLO VANILJEPUDDING ECLAIRS 52
16. COOKIES OG FLØDE ÉCLAIRS 54
17. CHOKOLADE HASSELNØD ECLAIRS 57
18. MINT CHOKOLADE ECLAIRS 60
19. HVID CHOKOLADE HINDBÆR ECLAIRS 63
20. MØRK CHOKOLADE ORANGE ECLAIRS 66
21. KRYDRET MEXICANSK CHOKOLADE ECLAIRS 69
22. HASSELNØD PRALINE CHOKOLADE ECLAIRS 72
23. CRÈME BRÛLÉE CHOKOLADE ÉCLAIRS 75
24. GLUTENFRI CHOKOLADE ECLAIRS 78
25. CHOKOLADE & SALTET KARAMEL ÉCLAIRS 81
26. PRALINFYLDTE CHOKOLADE ÉCLAIRS 84
27. CHOKOLADE PISTACIE ÉCLAIRS 87
28. CHOKOLADEMOUSSE ÉCLAIRS 90

FRUGTIGE ECLAIRS 93

29. Hindbær-ferskenmousse Eclairs 94
30. orange Eclairs 98
31. Passionsfrugt Eclairs 101
32. Fuld hvede frugtagtig Eclairs 104
33. Passionsfrugt og hindbær Éclairs 107
34. Jordbær og creme Eclairs 111
35. Blandede Berry Eclairs 114
36. Hindbær- og citronmarengs Eclairs 117
37. Hindbær og mælkechokolade Eclairs 120
38. Red Velvet Chokolade Hindbær Eclairs 123
39. Banan Cream Pie Eclairs 126
40. Jordbærcreme Éclairs 129
41. Mango passionsfrugt Éclairs 132
42. Lemon Blueberry Éclairs 135
43. Hindbær Mandel Éclairs 138
44. Ananas Coconut Éclairs 141
45. Blandede bær og citronskal Éclairs 144
46. Peach Ginger Éclairs 147
47. Blackberry Lemon Éclairs 150
48. Kiwi Coconut Éclairs 153

NØDDEDE ECLAIRS 156

49. Chokolade Mandel Makron Eclairs 157
50. Pistacie Lemon Éclairs 160
51. Maple glaserede Eclairs toppet med nødder 165
52. Hindbær pistacie Eclair 168
53. Chokolade og hasselnød Eclairs 171
54. Peanut Butter Chokolade Eclairs 174
55. Mandel Praline Éclairs 177
56. Valnød Maple Éclairs 180
57. Pistacie Rose Éclairs 183
58. Pecan Caramel Éclairs 186
59. Macadamia hvid chokolade Éclairs 189

KRYDTE ECLAIRS 192

60. Maple Pumpkin Eclairs 193

61. KANEL SPICE ÉCLAIRS 196
62. KARDEMOMME ÉCLAIRS 199
63. HONNINGKAGER ÉCLAIRS 202
64. MUSKATNØD INFUSION ÉCLAIRS 205
65. CHAI LATTE ÉCLAIRS 208
66. KRYDRET ORANGE ZEST ÉCLAIRS 211

SLIK ECLAIRS 214

67. PEANUT BUTTER CUP ECLAIR 215
68. SALTED CARAMEL ECLAIRS 218
69. S'MORES ÉCLAIRS 222
70. PEBERMYNTE ECLAIRS 224
71. TOFFEE CRUNCH ÉCLAIRS 227
72. CANDY CANDY ÉCLAIRS 230
73. ROCKY ROAD ÉCLAIRS 233
74. BUBBLEGUM ÉCLAIRS 236
75. SOUR PATCH CITRUS ÉCLAIRS 239
76. LAKRIDSELSKERE ÉCLAIRS 242

ECLAIRS MED KAFFE 245

77. CAPPUCCINO ECLAIRS 246
78. TIRAMISU ECLAIRS 248
79. MOKKA ECLAIRS 251
80. ESPRESSO BEAN CRUNCH ÉCLAIRS 254
81. IRISH COFFEE ÉCLAIRS 257
82. VANILJE LATTE ÉCLAIRS 260
83. KARAMEL MACCHIATO ÉCLAIRS 263
84. HASSELNØDDEKAFFE ÉCLAIRS 266

OSTTEDE ECLAIRS 269

85. BLUEBERRY CHEESECAKE ÉCLAIR 270
86. GOUDA GLASEREDE ECLAIRS 273
87. RASPBERRY SWIRL CHEESECAKE ECLAIRS 276
88. CHOKOLADE MARMOR CHEESECAKE ECLAIRS 279
89. SALTET KARAMEL CHEESECAKE ECLAIR 282
90. PISTACIE PRALINE CHEESECAKE ECLAIRS 285
91. COCONUT CREAM CHEESECAKE ECLAIRS 288

92. S%%TRAWBERRY%% C%%HEESECAKE%% E%%CLAIRS%% 291

93. L%%EMON%% C%%HEESECAKE%% E%%CLAIRS%% 294

ECLAIR INSPIREREDE OPSKRIFTER **297**

94. B%%ANAN ECLAIR CROISSANTER%% 298

95. C%%REAM%% P%%UFFS OG%% É%%CLAIRS RINGKAGE%% 300

96. C%%HOKOLADE MANDEL%% C%%ROISSANT%% É%%CLAIRS%% 302

97. C%%HOKOLADE%% É%%CLAIR BARER%% 305

98. C%%HOKOLADE%% E%%CLAIR KAGE%% 307

99. P%%ISTACIE%% R%%OSE%% É%%CLAIR KAGE%% 309

100. A%%HORN%% B%%ACON%% É%%CLAIR%% B%%ITES%% 312

KONKLUSION **315**

INTRODUKTION

Bienvenue til "ULTIMAT FRANSK ÉCLAIRS LEDELSE", din omfattende rejse ind i kunsten at lave udsøgte franske éclairs i komforten af dit eget køkken. Denne guide er en fejring af den sarte bagværks-perfektion, der er éclairen - en typisk fransk lækkerbisken, der fængsler med sin elegance og overbærenhed. Tag med os på et kulinarisk eventyr, der låser op for hemmelighederne bag at skabe disse ikoniske kager og bringer det sofistikerede franske konditori til dit hjem.

Forestil dig et køkken fyldt med den lokkende duft af friskbagte éclairs, hvisken af sprødt wienerbrød og forventningen om lækkert fyld. " ULTIMAT FRANSK ÉCLAIRS LEDELSE" er ikke kun et sæt opskrifter; det er en rejse ind i en verden af choux-bagværksmesterskab, dekadente fyldninger og glaseringens delikate kunst. Uanset om du er en erfaren bager eller en passioneret hjemmekok, er disse opskrifter og teknikker lavet til at guide dig gennem den trinvise proces med at skabe autentiske franske éclairs.

Fra klassiske chokolade-éclairs til opfindsomme frugtfyldte variationer og fra silkeblødt wienerbrødscremefyld til blanke glasurer er hver opskrift en fejring af den alsidighed og raffinement, som éclairs tilbyder. Uanset om du er vært for en særlig lejlighed eller blot længes efter et strejf af parisisk elegance, er denne guide dit pas til at opnå éclairs i bagerikvalitet i dit eget køkken.

Slut dig til os, mens vi udforsker eclairs forviklinger, hvor hver kreation er et vidnesbyrd om den præcision, smag og finesse, der definerer disse ikoniske kager. Så tag dit forklæde på, omfavn choux-kunsten, og lad os tage på en kulinarisk rejse gennem "den ultimative franske Éclairs-guide".

SPEJLGLASEREDE ECLAIRS

1.Spejlglaseret æggesnaps Eclairs

INGREDIENSER:
EGGNOGMOUSSE:
- 100 g mælk
- ½ vaniljestang
- 3 æggeblommer
- 40 g sukker
- 3 ½ plader (6 g) gelatine
- 150 g æggesnaps
- 200 g flødeskum
- Mørk chokolade knasende perler (f.eks. Valrhona[1])

SHORTCRUST:
- 125 g smør
- 85 g pulveriseret sukker
- 35 g mandler
- 42 g sammenpisket æg (1 lille æg)
- 210 g mel type 550
- 1 knivspids salt

GANACHE:
- 65 g fløde
- 40g overtræk 70%[1], hakket eller callets
- 26g overtræk 55%[1], hakket eller callets
- 120 g kold fløde

GLANS GLASUR:
- 190 g fløde
- 200 g sukker
- 70 g vand
- 80 g glukosesirup
- 80 g mørk bagekakao
- 6 plader (16 g) gelatine

MONTAGE:
- Mørke og bronze sprøde perler

INSTRUKTIONER:
EGGNOGMOUSSE:
a) Udblød gelatinen i iskoldt vand.
b) I en lille gryde bringes mælk med en delt vaniljestang i kog.
c) Bland æggeblommer med sukker i en separat skål, og tilsæt derefter den varme vaniljemælk under omrøring.
d) Hæld blandingen tilbage i gryden og varm op til 82-85 grader celsius under omrøring.
e) Fjern fra varmen og opløs den udblødte gelatine i cremen, og rør derefter æggesnapsen i.
f) Si blandingen og vend flødeskummet i.
g) Fyld en engangssprøjtepose med æggesnapsmoussen og skær en lille spids af.
h) Fyld ti fordybninger af Fashion Eclairs-formen halvt med moussen, tilsæt chokoladesprøde perler og dæk med endnu et lag mousse.
i) Glat det ud og frys det, dækket med folie.

SHORTCRUST:
j) Bland melis og smør til det er cremet.
k) Tilsæt malede mandler, salt og mel, og ælt derefter med det sammenpiskede æg til en jævn dej.
l) Form dejen til en mursten, pak den ind i husholdningsfilm, og stil den på køl i 1 time.
m) Forvarm ovnen til 180°C.
n) Rul dejen ud på en meldrysset overflade til 3 mm tykkelse og skær ti smalle og ti brede strimler ud med den medfølgende fræser fra Fashion Eclairs formen.
o) Læg strimlerne på en bageplade beklædt med bagepapir og bag dem gyldenbrune (ca. 12 minutter).
p) Opbevar de sprøde mørdejsstrimler i en kikseform af metal til dagen efter.

GANACHE:
q) Bring 65 g fløde i kog og hæld det over finthakket chokoladeovertræk (eller callets).
r) Lad det stå i et minut, og emulger derefter med en stavblender.
s) Tilsæt den kolde fløde og rør godt rundt.
t) Dæk overfladen af ganachen med folie og stil på køl natten over.

GLANS GLASUR:
u) Udblød gelatinen.
v) I en gryde bringes sukker, vand og glukosesirup til 103 grader Celsius.
w) Rør fløde og sigtet kakao i.
x) Opløs den udblødte gelatine i glasuren og blend den med en stavblender.
y) Hæld glasuren gennem en sigte, dæk med folie og stil på køl natten over.

MONTAGE:
z) Varm chokoladeglasuren op, indtil den er flydende.
æ) Fjern eclairs fra silikoneformen og læg dem på en rist over et fad.
ø) Hæld chokoladespejlglasuren over eclairs, og sørg for, at de er helt dækket.
å) Brug tandstikker til forsigtigt at placere dem på de brede strimler af mørdej.
aa) Pisk ganachen og rør små prikker på eclairs.
bb) Pynt med sprøde perler.
cc) Server straks efter optøning.

2.Galaxy Mirror Glaseret Hvid Chokolade Eclairs

INGREDIENSER:
TIL ECLAIR SKALLENE:
- 150 ml vand
- 75 g usaltet smør
- ¼ tsk salt
- 150 g universalmel
- 4 store æg

TIL GALAXY MIRROR GLAZE:
- 8 plader (16 g) gelatine
- 200 g hvid chokolade, hakket
- 200 ml sødet kondenseret mælk
- 300 g granuleret sukker
- 150 ml vand
- 150 ml tung creme
- Gel madfarve (blå, lilla, pink og sort)

INSTRUKTIONER:
TIL ECLAIR SKALLENE:
a) Forvarm din ovn til 200°C (390°F) og beklæd en bageplade med bagepapir.
b) I en gryde kombineres vand, smør og salt. Varm op ved middel varme, indtil smørret er smeltet og blandingen koger.
c) Tilsæt melet på én gang og rør kraftigt med en træske, indtil blandingen danner en kugle og trækker sig væk fra siderne af gryden. Dette bør tage omkring 1-2 minutter.
d) Kom dejen over i en røreskål og lad den køle af i et par minutter.
e) Tilsæt æggene, et ad gangen, og rør godt efter hver tilsætning. Dejen skal være glat og blank.
f) Overfør dejen til en sprøjtepose udstyret med en stor rund spids.
g) Rør 4-5 tommer lange strimler på den forberedte bageplade, så der er plads nok mellem dem til udvidelse.
h) Bag i den forvarmede ovn i 25-30 minutter eller indtil eclairs er hævet op og gyldenbrune.
i) Tag dem ud af ovnen og lad dem køle helt af på en rist.

TIL GALAXY MIRROR GLAZE:
j) Læg gelatinepladerne i blød i koldt vand, indtil de er bløde.

k) I en varmefast skål, læg den hakkede hvide chokolade og sødet kondenseret mælk. Sæt til side.
l) Kombiner granuleret sukker, vand og tung fløde i en gryde. Varm op over medium varme under omrøring, indtil sukkeret er helt opløst, og blandingen koger op.
m) Tag gryden af varmen og tilsæt de blødgjorte gelatineplader. Rør indtil gelatinen er helt opløst.
n) Hæld den varme flødeblanding over den hvide chokolade og kondenseret mælk. Lad det sidde i et minut for at smelte chokoladen, og rør derefter, indtil det er glat og godt blandet.
o) Opdel glasuren i flere skåle, og ton hver enkelt med forskellige geléfarver (blå, lilla, pink og sort) for at skabe en galakseeffekt. Brug en tandstik til at hvirvle farverne sammen i hver skål.
p) Lad glasuren køle af til omkring 30-35°C (86-95°F) før brug.

MONTAGE:
q) Når eclairerne er afkølet, skal du bruge en lille rund spids til at lave tre huller i bunden af hver eclair.
r) Fyld eclairs med dit valg af fyld. Du kan bruge flødeskum, konditorfløde eller en kombination af begge.
s) Dyp toppen af hver eclair i galaksespejlets glasur, så alt overskydende drypper af.
t) Placer de glaserede eclairs på en trådrist for at sætte sig, og glasuren vil skabe en smuk galakseeffekt, når den drypper ned.
u) Lad glasuren stivne helt.
v) Server og nyd dine fantastiske Galaxy Mirror Glazed White Chocolate Eclairs!

3. Farverige Eclairs med Mirror Glaze og Sand Crumb

INGREDIENSER:
TIL CHOUX DEJ:
- 8 ounce vand
- 4 ounce usaltet smør
- ½ tsk kosher salt
- 1 spsk granuleret hvidt sukker
- 5 ounce sigtet brødmel
- 1 tsk valgfri vaniljeekstrakt
- 4 store æg
- Gel madfarve (forskellige farver)

TIL ECLAIR-FYLDNING(VÆLG 1):
- 1½ portioner vaniljekagecreme
- 1 ½ omgang chokoladekagecreme

TIL SPEJLGLASUR :
- 12 ounce hvid chokolade chips
- 6 ounces tung fløde
- Gel madfarve (forskellige farver)

TIL SANDKRUMME:
- ½ kop graham cracker krummer
- 2 spsk granuleret sukker
- 2 spsk usaltet smør (smeltet)

INSTRUKTIONER:
CHOUX DÆG:
a) I en gryde kombineres vand, smør, salt og sukker. Varm op ved middel varme, indtil smørret er smeltet og blandingen koger.
b) Tag gryden af varmen, tilsæt sigtet brødmel, og rør hurtigt, indtil blandingen danner en glat dejkugle.
c) Lad dejen køle lidt af, og tilsæt derefter æggene et ad gangen, og rør godt efter hver tilsætning. Dejen skal være glat og skinnende.
d) Fordel choux-dejen i separate skåle for hver farve du vil bruge. Tilføj et par dråber gel-madfarve til hver skål og bland, indtil du opnår de ønskede farver.
e) Forvarm din ovn til 400°F (200°C). Beklæd en bageplade med bagepapir.

f) Sprøjt den farvede choux-dej i eclairs på den forberedte bageplade. Du kan bruge en konditorpose eller en Ziploc-pose med et hjørne afskåret.
g) Bag i 15 minutter ved 400°F (200°C), reducer derefter temperaturen til 350°F (180°C) og bag i yderligere 20-25 minutter, eller indtil eclairs er gyldenbrune og opblæste. Åbn ikke ovnen under bagningen.

ECLAIR FYLDNING:
h) Tilbered enten vaniljekagecreme eller chokoladekagecreme som du foretrækker.

SPEJLGLASUR :
i) Læg hvide chokoladechips i en varmefast skål.
j) Opvarm den tunge fløde i en gryde, indtil den lige begynder at koge. Hæld den varme fløde over de hvide chokoladechips og lad det stå et minuts tid. Rør indtil chokoladen er helt smeltet og blandingen er jævn.
k) Fordel glasuren i separate skåle og tilsæt gel-madfarve til hver skål for at opnå de ønskede farver.

SANDKRUMME:
l) I en lille skål blandes graham cracker-krummer og perlesukker.
m) Tilsæt smeltet usaltet smør til blandingen og rør, indtil det er godt blandet.

MONTAGE:
n) Når eclairs er afkølet, skærer du dem i halve vandret.
o) Fyld hver eclair med dit valgte konditorcremefyld.
p) Dyp toppen af hver eclair i den farvede spejlglasur, så alt overskydende drypper af.
q) Drys sandkrummeblandingen over de glaserede toppe af eclairs for ekstra tekstur og dekoration.
r) Lad spejlglasuren stivne i et par minutter, og dine farverige Eclairs med spejlglasur og sandkrumme er klar til at blive serveret!
s) Nyd dine lækre og farverige eclairs!

4.Spejlglaseret hvid chokolade Eclairs

INGREDIENSER:
TIL KONTIGCREMMEN :
- 4 æggeblommer
- 380 gram sødmælk (1 ¾ kop)
- 100 gram sukker
- 2 spsk majsstivelse
- 2 spsk universalmel
- 1 tsk vaniljeekstrakt (eller 1 vaniljestang)
- Stænk cognac eller rom
- ½ kop tung fløde (til piskning)

TIL CHOUX PASTRY:
- 120 gram sødmælk (½ kop)
- 120 gram vand (½ kop)
- 120 gram smør (8½ spsk smør)
- 145 gram brød eller mel med højt glutenindhold (1 kop)
- 6 gram salt (0,2 ounce, 1 niveau spiseskefuld kosher salt)
- Cirka 6 hele store æg

TIL GLASUREN:
- 200 gram hvid chokolade
- Valgfri madfarve

INSTRUKTIONER:
FORBERED DIG CREMMEN:
a) Pisk æggeblommerne med sukker, til de er lyse og luftige.
b) Pisk majsstivelse og mel i.
c) Varm mælk og vanilje op i en gryde, indtil det lige begynder at simre.
d) Tilsæt ⅓ af mælken i æggeblommerne for at temperere. Rør rundt og tilsæt endnu en ⅓ af mælken. Tilføj derefter den sidste ⅓.
e) Kom den flydende mælk + æggeblommer tilbage i gryden og varm op til cremen er tyknet.
f) Tag den af gryden i en skål og afkøl konditorcremen over et isbad eller i køleskabet.
g) Mens konditorcremen afkøles, piskes den tunge fløde til stive toppe. Når konditorcremen er afkølet, vend halvdelen af flødeskummet i, indtil den netop er blandet. Fold derefter den resterende halvdel i.

FORBERED CHUXEN:
h) Varm mælk, vand, salt og smør op, indtil det lige er dampende.
i) Tilsæt alt melet på én gang og rør rundt for at samle alle ingredienserne. Fortsæt med at lave mad i ca. 1 minut for at drive lidt ekstra fugt ud.
j) Overfør denne dej til en skål. Vent et par minutter til det er kølet af, før du tilsætter æggene.
k) Arbejd et ad gangen, tilsæt hvert æg til dejen og pisk, så det er helt indarbejdet. Når dejen er silkeblød og falder fra skeen under dens vægt, tages den ud af skålen og puttes i en sprøjtepose.
l) Brug en silikonemåtte eller pergamentpapir på din pande til at røre 6-tommer (15 cm) tråde. Hold dem tynde, da de hæver op under bagningen.
m) Bages ved 360°F (182°C) i ca. 30-35 minutter, indtil chouxen er jævn brun og let sprød. Stil dem på en rist til afkøling.

FORBERED GLASUREN:
n) Smelt den hvide chokolade ved hjælp af en dobbeltkedel eller mikrobølgeovn i 30 sekunders skud. Her er det ikke nødvendigt at temperere chokoladen. Hold den varm, indtil den er klar til glasering.
o) Fyld Choux:
p) Brug en tandstik til at lave to huller på toppen af eclairs i modsatte ender.
q) Sæt spidsen ind og klem forsigtigt sammen, indtil du ser konditorcremen nå den anden side. Tør kanterne af for overskydende.
r) Glasur og afslut **ECLAIRS:**
s) Dyp hver fyldt eclair i glasuren, så den helt dækker den øverste halvdel. Brug din finger til at rense eventuelle ufuldkommenheder.
t) For en stribet effekt, rør hurtigt over smeltet chokolade.
u) Nyd vanillecremen indeni kort efter at være fyldt. Mens de holder flere dage i køleskabet, bliver de bløde og gennemblødte.

5.Eclairs med Pink Mirror Glaze

INGREDIENSER:
TIL CHOUX DEJ:
- 8 ounce vand
- 4 ounce usaltet smør
- ½ tsk kosher salt
- 1 spsk granuleret hvidt sukker
- 5 ounce sigtet brødmel (eller universalmel)
- 1 tsk vaniljeekstrakt
- 8 ounce æg (ca. 4 store æg)
- Pink gel madfarve

TIL ECLAIR FYLDNING:
- Vaniljedejscreme (du kan bruge en færdiglavet blanding)

TIL PINK SPEJLGLASUR :
- 12 ounce hvid chokolade chips
- 6 ounces tung fløde
- Pink gel madfarve

TIL DEKORATION:
- Kokosspåner
- Friske hindbær

INSTRUKTIONER:
FORBERED CHOUX-DEJEN:
a) I en gryde kombineres vand, usaltet smør, kosher salt og granuleret hvidt sukker. Varm op over medium-høj varme, indtil blandingen koger og smørret er helt smeltet.
b) Reducer varmen til lav og tilsæt sigtet brødmel (eller universalmel) på én gang. Rør kraftigt med en træske, indtil dejen danner en kugle og trækker sig væk fra grydens sider.
c) Fjern fra varmen og lad det køle af i et par minutter.
d) Tilsæt gradvist æggene, et ad gangen, og bland godt efter hver tilsætning. Sørg for, at hvert æg er helt indarbejdet, før du tilføjer det næste.
e) Rør vaniljeekstrakten og et par dråber pink gel-madfarve i for at opnå den ønskede pink farve.

RØR OG BAG ECLAIRS :
f) Forvarm din ovn til 375°F (190°C) og beklæd en bageplade med bagepapir.

g) Overfør choux-dejen til en kagepose udstyret med en stor rund spids.
h) Sprøjt éclair-forme ud på bagepapiret, og efterlad lidt mellemrum mellem hver.
i) Bag i den forvarmede ovn i cirka 25-30 minutter, eller indtil eclairs er gyldenbrune og opblæste.
j) Tag dem ud af ovnen og lad dem køle helt af.

FYLD ECLAIRS:
k) Når eclairs er afkølet, skær dem åbne vandret.
l) Fyld hver eclair med vaniljecreme med en sprøjtepose eller en ske.

FORBERED DEN lyserøde SPEJLGLASUR:
m) Kombiner hvide chokoladechips og tung fløde i en skål, der tåler mikrobølgeovn. Mikroovn i 30-sekunders intervaller, omrør efter hvert interval, indtil blandingen er glat og chokoladen er helt smeltet.
n) Rør pink gel-madfarve i, indtil du opnår den ønskede nuance af pink.

GLASER THE ECLAIRS:
o) Dyp toppen af hver eclair i den lyserøde spejlglasur, så overskydende glasur kan dryppe af.
p) Læg de glaserede eclairs på en rist for at sætte sig.
q) Mens glasuren stadig er lidt klæbrig, drys kokosspåner oven på eclairs.
r) Læg en frisk hindbær oven på hver eclair.
s) Lad glasuren stivne helt inden servering. Nyd dine lækre Eclairs med Pink Mirror Glaze!

6.Chokolade Hasselnødde Spejl Glaseret Eclairs

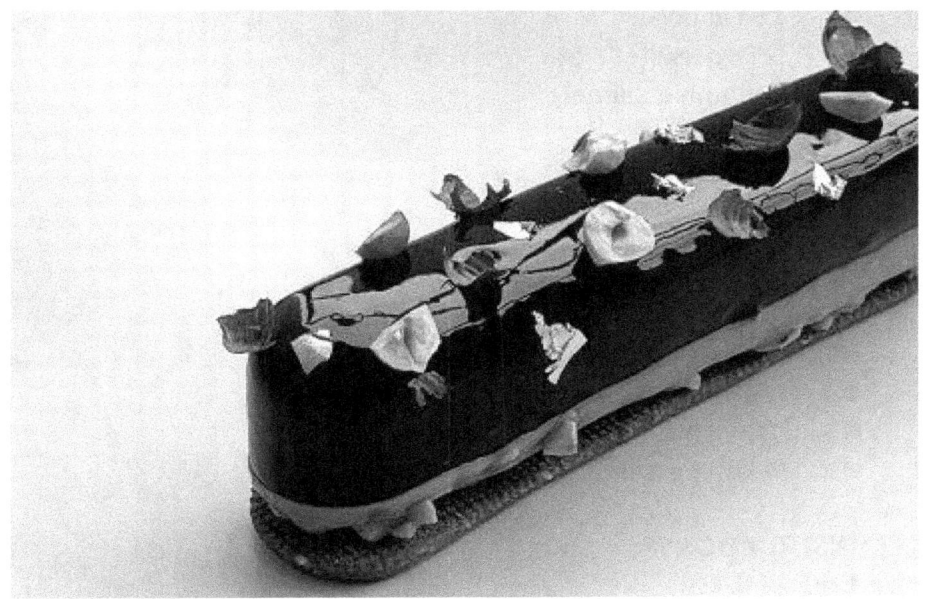

INGREDIENSER:
TIL CHOUX PASTRY:
- 1 kop vand
- 1/2 kop usaltet smør
- 1 kop universalmel
- 4 store æg

TIL FYLDET:
- 2 kopper wienerbrødscreme
- 1/2 kop Nutella

TIL CHOKOLADE HASSELNØDDE SPEJLGLASUREN:
- 1/2 kop vand
- 1 kop granuleret sukker
- 1/2 kop sødet kondenseret mælk
- 1 1/2 dl mørk chokolade, hakket
- 1/4 kop hasselnødder, hakket (til pynt)

INSTRUKTIONER:
CHOUX DÆG:
a) I en gryde kombineres vand og smør. Bring i kog.
b) Tilsæt mel og rør kraftigt, indtil blandingen danner en kugle. Fjern fra varmen.
c) Lad dejen køle lidt af, og tilsæt derefter æg et ad gangen, og rør godt efter hver tilsætning.
d) Flyt dejen over i en sprøjtepose og hæld eclairs ud på en bageplade.
e) Bages i en forvarmet ovn ved 375°F (190°C) i 25-30 minutter eller indtil de er gyldenbrune.

FYLDNING:
f) Når eclairs er afkølet, skærer du dem i halve vandret.
g) Bland Nutella i wienerbrødscremen, indtil den er godt blandet.
h) Fyld hver eclair med chokoladehasselnøddefyldet ved hjælp af en sprøjtepose eller ske.

CHOKOLADE HASSELNØDDE SPEJLGLASUR:
i) Bland vand, sukker og sødet kondenseret mælk i en gryde. Bring det i kog.
j) Fjern fra varmen og tilsæt den mørke chokolade. Rør indtil glat.

k) Lad glasuren afkøle til 90-95°F (32-35°C).
MONTAGE:
l) Placer en rist over en bageplade for at fange overskydende glasur.
m) Dyp toppen af hver eclair i chokoladehasselnøddespejlglasuren, hvilket sikrer en jævn belægning.
n) Lad overskydende glasur dryppe af, og overfør derefter eclairs til risten.
o) Drys hakkede hasselnødder ovenpå til pynt.
p) Lad glasuren trække i cirka 15 minutter før servering.
q) Nyd dine overbærende Chokolade Hasselnød Mirror Glazed Eclairs!

7.Hindbær Lemon Mirror Glaserede Eclairs

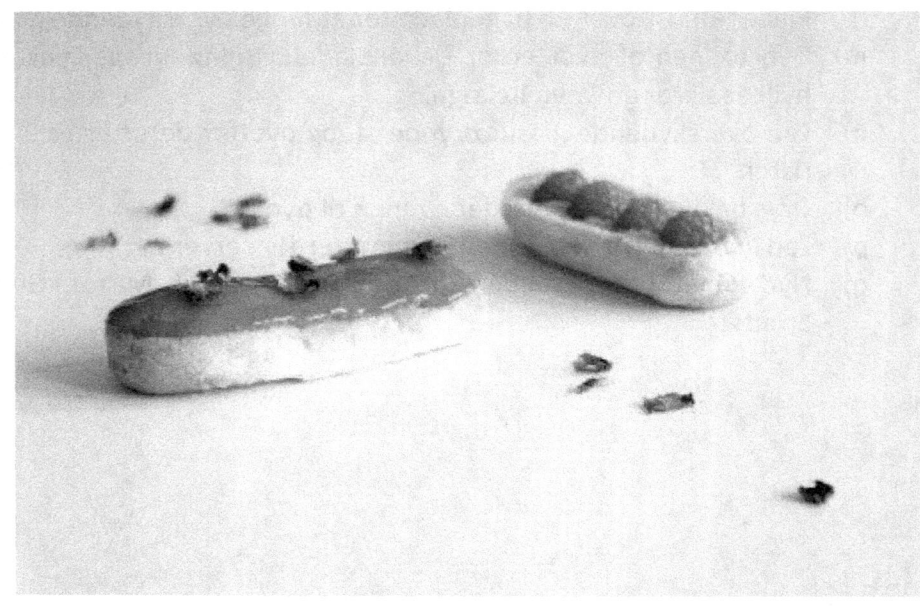

INGREDIENSER:
TIL CHOUX PASTRY:
- 1 kop vand
- 1/2 kop usaltet smør
- 1 kop universalmel
- 4 store æg

TIL FYLDET:
- 2 kopper wienerbrødscreme
- 1 kop friske hindbær
- Skal af 1 citron

TIL HINDBÆR CITRONSPEJL GLASUR:
- 1/2 kop vand
- 1 kop granuleret sukker
- 1/2 kop sødet kondenseret mælk
- 1 1/2 dl hvid chokolade, hakket
- Skal af 1 citron
- 1/2 kop friske hindbær (til pynt)

INSTRUKTIONER:
CHOUX DÆG:
a) I en gryde kombineres vand og smør. Bring i kog.
b) Tilsæt mel og rør kraftigt, indtil blandingen danner en kugle. Fjern fra varmen.
c) Lad dejen køle lidt af, og tilsæt derefter æg et ad gangen, og rør godt efter hver tilsætning.
d) Flyt dejen over i en sprøjtepose og hæld eclairs ud på en bageplade.
e) Bages i en forvarmet ovn ved 375°F (190°C) i 25-30 minutter eller indtil de er gyldenbrune.

FYLDNING:
f) Når eclairs er afkølet, skærer du dem i halve vandret.
g) Bland friske hindbær og citronskal i wienerbrødscremen, indtil det er godt blandet.
h) Fyld hver eclair med hindbærcitronfyldet med en sprøjtepose eller ske.

HINDBÆR CITRON SPEJL GLASUR:
i) Bland vand, sukker og sødet kondenseret mælk i en gryde. Bring det i kog.
j) Fjern fra varmen og tilsæt den hvide chokolade. Rør indtil glat.
k) Tilsæt citronskal til glasuren og bland godt.
l) Lad glasuren afkøle til 90-95°F (32-35°C).

MONTAGE:
m) Placer en rist over en bageplade for at fange overskydende glasur.
n) Dyp toppen af hver eclair i hindbærcitronspejlglasuren, og sørg for en jævn belægning.
o) Lad overskydende glasur dryppe af, og overfør derefter eclairs til risten.
p) Læg en frisk hindbær oven på hver eclair til pynt.
q) Lad glasuren trække i cirka 15 minutter før servering.

8.Kaffe Karamel Spejlglaseret Eclairs

INGREDIENSER:
TIL CHOUX PASTRY:
- 1 kop vand
- 1/2 kop usaltet smør
- 1 kop universalmel
- 4 store æg

TIL FYLDET:
- 2 kopper wienerbrødscreme
- 2 spsk instant kaffe
- 1/2 kop karamelsauce

TIL KAFFEKARAMEL SPEJLGLASUREN :
- 1/2 kop vand
- 1 kop granuleret sukker
- 1/2 kop sødet kondenseret mælk
- 1 1/2 dl mørk chokolade, hakket
- 2 spsk instant kaffe

INSTRUKTIONER:
CHOUX DÆG:
a) I en gryde kombineres vand og smør. Bring i kog.
b) Tilsæt mel og rør kraftigt, indtil blandingen danner en kugle. Fjern fra varmen.
c) Lad dejen køle lidt af, og tilsæt derefter æg et ad gangen, og rør godt efter hver tilsætning.
d) Flyt dejen over i en sprøjtepose og hæld eclairs ud på en bageplade.
e) Bages i en forvarmet ovn ved 375°F (190°C) i 25-30 minutter eller indtil de er gyldenbrune.

FYLDNING:
f) Når eclairs er afkølet, skærer du dem i halve vandret.
g) Opløs instant kaffe i en lille mængde varmt vand. Bland det i konditorcremen.
h) Kom karamelsauce i den kaffesmagscreme, indtil den er godt blandet.
i) Fyld hver eclair med kaffekaramelfyldet med en sprøjtepose eller ske.

KAFFE KARAMEL SPEJL GLASUR:
j) Bland vand, sukker og sødet kondenseret mælk i en gryde. Bring det i kog.
k) Fjern fra varmen og tilsæt mørk chokolade og instant kaffe. Rør indtil glat.
l) Lad glasuren afkøle til 90-95°F (32-35°C).

MONTAGE:
m) Placer en rist over en bageplade for at fange overskydende glasur.
n) Dyp toppen af hver eclair i kaffekaramelspejlglasuren, og sørg for en jævn belægning.
o) Lad overskydende glasur dryppe af, og overfør derefter eclairs til risten.
p) Lad glasuren trække i cirka 15 minutter før servering.
q) Nyd dine lækre Kaffe Caramel Mirror Glazed Eclairs!

9.Matcha hvid chokolade spejl glaserede Eclairs

INGREDIENSER:
TIL CHOUX PASTRY:
- 1 kop vand
- 1/2 kop usaltet smør
- 1 kop universalmel
- 4 store æg

TIL FYLDET:
- 2 kopper wienerbrødscreme
- 2 tsk matcha pulver

TIL MATCHA HVID CHOKOLADE SPEJLGLASUR :
- 1/2 kop vand
- 1 kop granuleret sukker
- 1/2 kop sødet kondenseret mælk
- 1 1/2 dl hvid chokolade, hakket
- 2 tsk matcha pulver

INSTRUKTIONER:
CHOUX DÆG:
a) I en gryde kombineres vand og smør. Bring i kog.
b) Tilsæt mel og rør kraftigt, indtil blandingen danner en kugle. Fjern fra varmen.
c) Lad dejen køle lidt af, og tilsæt derefter æg et ad gangen, og rør godt efter hver tilsætning.
d) Flyt dejen over i en sprøjtepose og hæld eclairs ud på en bageplade.
e) Bages i en forvarmet ovn ved 375°F (190°C) i 25-30 minutter eller indtil de er gyldenbrune.

FYLDNING:
f) Når eclairs er afkølet, skærer du dem i halve vandret.
g) Bland matcha-pulver i wienerbrødscremen, indtil det er godt blandet.
h) Fyld hver eclair med fyld med matcha-smag ved hjælp af en sprøjtepose eller ske.

MATCHA HVID CHOKOLADE SPEJLGLASUR :
i) Bland vand, sukker og sødet kondenseret mælk i en gryde. Bring det i kog.

j) Fjern fra varmen og tilsæt hvid chokolade og matcha pulver. Rør indtil glat.
k) Lad glasuren afkøle til 90-95°F (32-35°C).

MONTAGE:
l) Placer en rist over en bageplade for at fange overskydende glasur.
m) Dyp toppen af hver eclair i matcha hvid chokolade spejlglasur, hvilket sikrer en jævn belægning.
n) Lad overskydende glasur dryppe af, og overfør derefter eclairs til risten.
o) Lad glasuren trække i cirka 15 minutter før servering.

CHOKOLADE ECLAIRS

10. Karamel Chokolade Eclairs

INGREDIENSER:
- 12 Eclair-skaller, ufyldte
- 2 kopper karameldejscreme, afkølet
- 1 kop Chokoladeganache, ved stuetemperatur

INSTRUKTIONER:
a) Brug en lille skærekniv til at lave et lille hul i hver ende af hver eclair.
b) Fyld en kagepose udstyret med en lille almindelig spids med afkølet karamelkonditorcreme.
c) Sæt spidsen ind i det ene hul på en eclair og klem forsigtigt for at fylde den. Gentag processen for det andet hul.
d) Fortsæt med at fylde hver eclair, indtil alle er fyldt med den lækre karamel wienerbrødscreme.
e) Brug en lille offset spatel til jævnt at glasere hver eclair med stuetemperatur chokoladeganache.
f) Lad ganachen stivne, før du serverer disse lækre karamelchokolade-eclairs.

11. Chokolade Eclairs med cremefyld

INGREDIENSER:
ECLAIRS:
- 1 kop vand
- 1/2 kop smør
- 1/4 tsk salt
- 1 kop mel
- 4 store æg

FYLDNING:
- 3 kopper mælk
- 1/2 kop sukker
- 3 spsk majsstivelse
- 4 æggeblommer
- 2 tsk vaniljeekstrakt

CHOKOLADE GLASUR:
- 12 ounce semisweet chokoladechips
- 1/4 kop afkortning
- 1/4 kop lys majssirup
- 6 spsk mælk

INSTRUKTIONER:
FYLDNING AF CRUISE:
a) I en mellemstor gryde varmes mælken langsomt op, indtil der dannes bobler rundt om kanten.
b) Kombiner sukker og majsstivelse i en lille skål, bland godt. Rør blandingen i den varme mælk på én gang.
c) Kog under omrøring ved middel varme, indtil blandingen koger. Reducer varmen og lad det simre i 1 minut.
d) Pisk en lille mængde af blandingen i æggeblommerne. Hæld tilbage i gryden og kog under omrøring ved middel varme, indtil blandingen koger og tykner.
e) Rør vanilje i. Læg vokspapir på overfladen for at forhindre, at der dannes en hud. Stil på køl indtil klar til brug. Giver 3 kopper, nok til at fylde 12 eclairs.

CHOKOLADE GLASUR:
f) I toppen af en dobbelt kedel over varmt (ikke kogende) vand, smelt chokolade med matfett.

g) Tilsæt majssirup og mælk. Rør indtil glat og godt blandet. Lad det køle lidt af.
h) Fordel glasuren over eclairerne. Giver 2 kopper, nok til at glasere 12 eclairs.

ECLAIRS:
i) Forvarm ovnen til 400°F.
j) Bring vand, smør og salt i kog. Fjern fra varmen og rør mel i.
k) Pisk ved svag varme, indtil blandingen forlader siderne af gryden.
l) Fjern fra varmen og pisk æg i, et ad gangen, indtil blandingen er blank, satinagtig og bryder i tråde.
m) Slip dejen med tre tommer fra hinanden på et usmurt ark, der danner 12 strimler, hver 4 x 1 tomme.
n) Bages i 35 til 40 minutter, indtil de lyder hule, når der bankes på dem. Hold dig væk fra træk.
o) Flæk toppen af eclairerne og fyld med cremecreme.
p) Smør toppen med chokoladeglasur, køl af og server.
q) Nyd disse dekadente Chokolade Eclairs med lækkert vanillecremefyld!

12. Chokolade Grand Marnier Eclairs

INGREDIENSER:
ECLAIR DEJ:
- 3 store æg, ved stuetemperatur
- 2/3 kop vand
- 5 spsk usaltet smør, skåret i 1/2-tommers terninger
- 1/8 tsk salt
- 2/3 kop sigtet universalmel
- 1/2 tsk appelsinskal

CHOKOLADE GRAND MARNIER FYLD:
- 3 ounce halvsød chokolade, groft hakket
- 3 spsk vand
- 2 spsk Grand Marnier
- 2 spsk koldt vand
- 1 1/2 tsk unflavored pulveriseret gelatine
- 1 kop tung fløde
- 1 spsk appelsinjuice
- 1/2 kop konditorsukker

ORANGE GLASUR:
- 1 spsk appelsinjuice
- 1/4 kop konditorsukker

INSTRUKTIONER:
ECLAIR DEJ:
a) Forvarm ovnen til 425 grader F. Beklæd to bageplader med bagepapir.
b) I et glasmålebæger røres æggene, indtil de er blandet. Reserver 2 spiseskefulde sammenpisket æg i en lille kop.
c) Kombiner vand, smør og salt i en mellemtung gryde. Varm op ved middel varme, indtil smørret er smeltet.
d) Øg varmen til medium-høj og bring blandingen i kog. Fjern fra varmen.
e) Brug et piskeris til at røre mel og appelsinskal i. Pisk kraftigt indtil glat.
f) Sæt gryden tilbage på varmen under konstant omrøring med en træske. Kog i 30 til 60 sekunder, indtil pastaen danner en meget glat kugle.

g) Overfør pastaen til en stor skål. Hæld den reserverede 1/2 kop pisket æg over pastaen og pisk kraftigt med en træske, indtil blandingen danner en glat, blød dej.

BAGNING AF ECLAIRS:

h) Fyld en wienerbrødspose med en 5/6-tommer almindelig spids med eclair-dejen. Rør 5-tommer strimler cirka 1/2-tommer brede på de forberedte bageplader, efterlader omkring 1 1/2 inches mellem eclairs.
i) Dyp din finger i noget af det resterende sammenpiskede æg og glat forsigtigt eventuelle "haler" tilbage fra rørene. Pensl let toppen af eclairerne med mere af ægget.
j) Bag eclairerne, en bageplade ad gangen, i 10 minutter. Støt ovndøren op omkring 2 tommer med håndtaget på en træske.
k) Reducer ovntemperaturen til 375 grader F og luk ovndøren. Fortsæt med at bage eclairs i 20 til 25 minutter, indtil de er sprøde.
l) Overfør eclairs til en rist og afkøl helt.

CHOKOLADE GRAND MARNIER FYLD:

m) Smelt chokoladen med vand og Grand Marnier i henhold til chokoladesmeltetipsene.
n) I en lille gryde drysses gelatinen over det kolde vand og lad det stå i 5 minutter for at blive blødt.
o) Sæt gryden over lav varme, kog i 2 til 3 minutter, under konstant omrøring, indtil gelatinen er helt opløst, og blandingen er klar. Lad den køle af, indtil den er lunken.
p) I en afkølet røreskål piskes den tunge fløde ved lav hastighed. Tilsæt gradvist den afkølede gelatineblanding i en langsom strøm, mens du fortsætter med at piske.
q) Stop røremaskinen, skrab ned på siden af skålen, og tilsæt den afkølede smeltede chokoladeblanding. Fortsæt med at piske, indtil cremen begynder at samle sig. Overpisk ikke.
r) Dæk fyldet med plastfolie og stil det på køl i 30 minutter.

ORANGE GLASUR:

s) I en lille skål piskes appelsinjuice og konditorsukker sammen, indtil det er glat.

SAMLER OG GLASER ECLAIRS:

t) Prik hul i hver ende af eclairs med et spyd.

u) Fyld en wienerbrødspose med en 1/6-tommer almindelig spids med Grand Marnier-fyldet. Stik spidsen ind i hullet i hver ende af eclairen og fyld med fyldet.
v) Dryp den orange glasur over toppen af hver eclair.
w) Pynt med strimler af appelsinskal, hvis det ønskes.
x) Nyd disse udsøgte Chocolate Grand Marnier Eclairs!

13. Frosne Chokolade Mint Eclairs

INGREDIENSER:
ECLAIR DEJ:
- 3 store æg, ved stuetemperatur
- 1/2 kop vand
- 4 1/2 spsk usaltet smør, skåret i 1/2-tommers terninger
- 1 1/2 spsk granuleret sukker
- 1/2 tsk mynteekstrakt
- 3/4 kop sigtet universalmel
- 3 spiseskefulde sigtet usødet alkaliseret kakaopulver

FROSSEN MYNTEFYLD:
- 8 ounce flødeost, blødgjort
- 3/4 kop sødet kondenseret mælk
- 2 spsk hvid creme de menthe
- 4 ounce semi-sød chokolade med mintsmag, finthakket

CHOKOLADE MYNTE Sauce:
- 6 ounce semi-sød chokolade med mintsmag, finthakket
- 2/3 kop tung fløde
- 2 spsk lys majssirup
- 2 tsk vaniljeekstrakt

PYNT:
- Frisk mynte

INSTRUKTIONER:
ECLAIR DEJ:
a) Forvarm ovnen til 425 grader F. Beklæd to bageplader med bagepapir.
b) I et glasmålebæger røres æggene, indtil de er blandet. Reserver 2 spiseskefulde sammenpisket æg i en lille kop.
c) Kombiner vand, smør og sukker i en mellemtung gryde. Varm op ved middel varme, indtil smørret er smeltet.
d) Øg varmen til medium-høj og bring blandingen i kog. Fjern fra varmen.
e) Rør mynteekstrakt i. Rør mel og kakao i med et piskeris. Pisk kraftigt, indtil blandingen er glat og trækker sig væk fra siderne af gryden.

f) Sæt gryden tilbage på varmen under konstant omrøring med en træske. Kog i 30 til 60 sekunder, indtil pastaen danner en meget glat kugle.
g) Overfør pastaen til en stor skål. Hæld 1/2 kop pisket æg over pastaen og pisk kraftigt med en træske i 45 til 60 sekunder, indtil blandingen danner en glat, blød dej.
h) Fyld en wienerbrødspose med en 5/6-tommer almindelig spids med eclair-dejen. Rør 5-tommer strimler cirka 1/2-tommer brede på de forberedte bageplader, efterlader omkring 1 1/2 inches mellem eclairs.
i) Pensl let toppen af eclairerne med det resterende sammenpiskede æg.
j) Bag eclairs i 10 minutter, og reducer derefter ovntemperaturen til 375 grader F. Fortsæt med at bage i 20 til 25 minutter, indtil de er sprøde og skinnende. Overfør til en rist og afkøl helt.

FROSSEN MYNTEFYLD:
k) I en stor skål, brug en håndholdt elektrisk mixer ved medium hastighed til at piske flødeosten, indtil den er glat.
l) Tilsæt den sødede kondenserede mælk og likør. Pisk indtil glat.
m) Vend den hakkede chokolade i.
n) Dæk fyldets overflade med plastfolie og frys, indtil det er fast, cirka 4 timer.

CHOKOLADE MYNTE Sauce:
o) Læg chokoladen i en mellemstor skål.
p) Bring fløden og majssiruppen i en lille, tung gryde i et forsigtigt kog.
q) Hæld den varme flødeblanding over chokoladen. Lad det stå i 30 sekunder for at smelte chokoladen.
r) Pisk forsigtigt indtil glat.
s) Rør vaniljen i.

SAMLER ECLAIRS:
t) Skær eclairs i halve og fjern eventuel fugtig dej.
u) Hæld 3 spiseskefulde af det frosne fyld i hver eclair-halvdel.
v) Udskift toppen af eclairen.
w) Hæld den lune chokolademyntesauce på et serveringsfad.
x) Læg en eclair ovenpå og dryp med mere sauce.
y) Pynt med frisk mynte.

14. Mini Chokolade Éclairs

INGREDIENSER:
TIL CHOUX PASTRY:
- 150 ml (ca. 5 ounce) vand
- 60 g (ca. 2 ounce) smør
- 75 g (ca. 2,5 ounce) almindeligt mel
- 2 store æg

TIL FYLDET:
- 200 ml (ca. 7 ounce) piskefløde
- Chokoladeganache (lavet af smeltet chokolade og fløde)

INSTRUKTIONER:
a) Forvarm din ovn til 200°C (390°F). Beklæd en bageplade med bagepapir.
b) I en gryde varmes vand og smør op, indtil smørret er smeltet. Fjern fra varmen og tilsæt mel. Rør kraftigt, indtil det danner en kugle af dej.
c) Lad dejen køle lidt af, og pisk derefter æggene i et ad gangen, indtil blandingen er glat og blank.
d) Hæld eller sprøjt choux-dejen ud på bagepladen i små éclair-former.
e) Bag dem i cirka 15-20 minutter, eller indtil de er hævede og gyldne.
f) Når den er afkølet, skæres hver éclair i halve vandret. Fyld med flødeskum og dryp med chokoladeganache.

15. Jello Vaniljepudding Eclairs

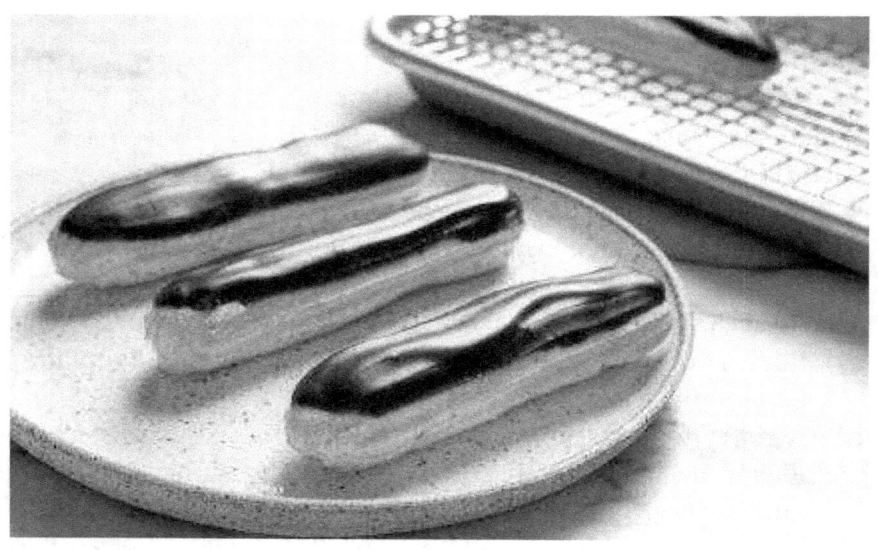

INGREDIENSER:
- 1 pakke (3¼ ounce) jello vaniljebudding og tærtefyld
- 1½ kop mælk
- ½ kop forberedt drømmepisk/pisket topping
- 6 spsk smør
- ¾ kop vand
- ¾ kop sigtet mel (all-purpose)
- 3 æg
- 2 firkantede usødet chokolade
- 2 spsk smør
- 1½ dl usigtet sukker
- Et skvæt salt
- 3 spsk mælk

INSTRUKTIONER:
GØR FYLDNING:
a) Kog buddingblandingen som anvist på pakken. Reducer mælken til 1½ kop.
b) Dæk overfladen med vokspapir.
c) Afkøl i 1 time. Pisk budding indtil glat.
d) Fold i den forberedte topping.

LAVE SKALLER:
e) Bring 6 spsk smør og vand i kog i en gryde. Reducer høre. Rør hurtigt mel i. Kog og rør, indtil blandingen forlader siderne af gryden, cirka 2 minutter. Fjern fra varmen.
f) Pisk æg i, et ad gangen. Pisk grundigt indtil satinagtig. Form 5 x 1-tommers strimler af dej med en ske på en usmurt bageplade, bag ved 425 grader F i 20 minutter og derefter ved 350 grader i 30 minutter.

AT SAMLE
g) Skær toppen af skallerne. Fyld hver med budding. Udskift toppe

LAVE GLASUR
h) Smelt chokolade med 2 spsk smør ved svag varme.
i) Fjern fra varmen, og bland sukker, salt og 3 spsk mælk i, spred straks på eclairs.

16. Cookies og fløde Éclairs

INGREDIENSER:
TIL CHOUX PASTRY:
- 1 kop vand
- 1/2 kop usaltet smør
- 1 kop universalmel
- 1/2 tsk salt
- 1 spsk sukker
- 4 store æg

TIL Cookies OG Flødefyld:
- 1 1/2 dl tung fløde
- 1/4 kop pulveriseret sukker
- 1 tsk vaniljeekstrakt
- 10 chokolade sandwich cookies, knust

TIL CHOKOLADE GANACHE:
- 1 kop halvsød chokoladechips
- 1/2 kop tung fløde
- 2 spsk usaltet smør

INSTRUKTIONER:
CHOUX DÆG:
a) Forvarm din ovn til 425°F (220°C). Beklæd en bageplade med bagepapir.
b) Bland vand, smør, salt og sukker i en gryde over medium varme. Bring i kog.
c) Fjern fra varmen og rør hurtigt melet i, indtil der dannes en dej.
d) Sæt gryden tilbage på lav varme og kog dejen under konstant omrøring i 1-2 minutter for at tørre den ud.
e) Overfør dejen til en stor røreskål. Lad det køle af i et par minutter.
f) Tilsæt æg et ad gangen, pisk godt efter hver tilsætning, indtil dejen er glat og skinnende.
g) Overfør dejen til en sprøjtepose udstyret med en stor rund spids. Rør 4-tommer lange strimler på den forberedte bageplade.
h) Bag i 15 minutter ved 425°F, reducer derefter temperaturen til 375°F (190°C) og bag i yderligere 20 minutter eller indtil gyldenbrun. Lad det køle helt af.

COOKIES OG FREMEFYLD:
i) I en røreskål piskes den tunge fløde, indtil der dannes bløde toppe.
j) Tilsæt pulveriseret sukker og vaniljeekstrakt. Fortsæt med at piske, indtil der dannes stive toppe.
k) Vend forsigtigt de knuste chokolade sandwich cookies i.

CHOKOLADE GANACHE:
l) Læg chokoladechips i en varmefast skål.
m) Opvarm tung fløde i en gryde, indtil den lige begynder at simre.
n) Hæld den varme fløde over chokoladen og lad den trække et minuts tid.
o) Rør til det er glat, tilsæt derefter smør og rør indtil det er smeltet.

MONTAGE:
p) Skær hver afkølet eclair i halve vandret.
q) Hæld eller sprøjt kagerne og flødefyldet på den nederste halvdel af hver eclair.
r) Læg den øverste halvdel af eclairen på fyldet.
s) Dyp toppen af hver eclair i chokoladeganachen eller hæld ganachen over toppen.
t) Lad ganachen trække i et par minutter.
u) Drys eventuelt yderligere knuste småkager ovenpå til pynt.
v) Server og nyd den dejlige kombination af cremet fyld og rig chokoladeganache i hver Cookie and Cream Éclair!

17.Chokolade Hasselnød Eclairs

INGREDIENSER:
TIL CHOUX PASTRY:
- 1 kop vand
- 1/2 kop usaltet smør
- 1 kop universalmel
- 4 store æg

TIL FYLDET:
- 2 kopper wienerbrødscreme
- 1/2 kop Nutella (hasselnøddespredning)

TIL CHOKOLADE HASSELNØDDE GANACHE:
- 1 kop mørk chokolade, hakket
- 1/2 kop tung fløde
- 1/4 kop hasselnødder, hakket (til pynt)

INSTRUKTIONER:
CHOUX DÆG:
a) I en gryde kombineres vand og smør. Bring i kog.
b) Tilsæt mel og rør kraftigt, indtil blandingen danner en kugle. Fjern fra varmen.
c) Lad dejen køle lidt af, og tilsæt derefter æg et ad gangen, og rør godt efter hver tilsætning.
d) Flyt dejen over i en sprøjtepose og hæld eclairs ud på en bageplade.
e) Bages i en forvarmet ovn ved 375°F (190°C) i 25-30 minutter eller indtil de er gyldenbrune.

FYLDNING:
f) Når eclairs er afkølet, skærer du dem i halve vandret.
g) Bland Nutella i wienerbrødscremen, indtil den er godt blandet.
h) Fyld hver eclair med chokoladehasselnøddefyldet ved hjælp af en sprøjtepose eller ske.

CHOKOLADE HASSELNØDDE GANACHE:
i) Varm den tunge fløde op i en gryde, indtil den lige begynder at simre.
j) Hæld den varme fløde over den hakkede mørke chokolade. Lad det sidde i et minut, og rør derefter, indtil det er glat.
k) Dyp toppen af hver eclair i chokoladehasselnøddeganachen, og sørg for en jævn belægning.
l) Drys hakkede hasselnødder ovenpå til pynt.
m) Lad ganachen trække i cirka 15 minutter før servering.
n) Nyd dine dekadente Chocolate Hazelnut Eclairs!

18. Mint Chokolade Eclairs

INGREDIENSER:
TIL CHOUX PASTRY:
- 1 kop vand
- 1/2 kop usaltet smør
- 1 kop universalmel
- 4 store æg

TIL FYLDET:
- 2 kopper wienerbrødscreme

TIL MINTECHOKOLADE GANACHE:
- 1 kop mørk chokolade, hakket
- 1/2 kop tung fløde
- 1 tsk pebermynteekstrakt

INSTRUKTIONER:
CHOUX DÆG:
a) I en gryde kombineres vand og smør. Bring i kog.
b) Tilsæt mel og rør kraftigt, indtil blandingen danner en kugle. Fjern fra varmen.
c) Lad dejen køle lidt af, og tilsæt derefter æg et ad gangen, og rør godt efter hver tilsætning.
d) Flyt dejen over i en sprøjtepose og hæld eclairs ud på en bageplade.
e) Bages i en forvarmet ovn ved 375°F (190°C) i 25-30 minutter eller indtil de er gyldenbrune.

FYLDNING:
f) Når eclairs er afkølet, skærer du dem i halve vandret.
g) Forbered konditorcremen eller brug den købte i butikken.
h) Tilføj eventuelt en teskefuld pebermynteekstrakt til wienerbrødscremen for en mintagtig smag. Bland godt.
i) Fyld hver eclair med konditorcreme med myntesmag ved hjælp af en sprøjtepose eller ske.

MINT CHOKOLADE GANACHE:
j) Varm den tunge fløde op i en gryde, indtil den lige begynder at simre.
k) Hæld den varme fløde over den hakkede mørke chokolade. Lad det sidde i et minut, og rør derefter, indtil det er glat.
l) Tilsæt pebermynteekstrakt til ganachen og bland godt.
m) Dyp toppen af hver eclair i myntechokoladeganachen, og sørg for en jævn belægning.
n) Lad ganachen trække i cirka 15 minutter før servering.
o) Nyd dine forfriskende Mint Chocolate Eclairs!

19.Hvid chokolade hindbær Eclairs

INGREDIENSER:
TIL CHOUX PASTRY:
- 1 kop vand
- 1/2 kop usaltet smør
- 1 kop universalmel
- 4 store æg

TIL FYLDET:
- 2 kopper hvide chokoladechips
- 1 kop tung fløde
- 1/2 kop hindbærsyltetøj

TIL DEN HVID CHOKOLADE HINDBÆR GANACHE:
- 1 kop hvid chokolade, hakket
- 1/2 kop tung fløde
- Friske hindbær (til pynt)

INSTRUKTIONER:
CHOUX DÆG:
a) I en gryde kombineres vand og smør. Bring i kog.
b) Tilsæt mel og rør kraftigt, indtil blandingen danner en kugle. Fjern fra varmen.
c) Lad dejen køle lidt af, og tilsæt derefter æg et ad gangen, og rør godt efter hver tilsætning.
d) Flyt dejen over i en sprøjtepose og hæld eclairs ud på en bageplade.
e) Bages i en forvarmet ovn ved 375°F (190°C) i 25-30 minutter eller indtil de er gyldenbrune.

FYLDNING:
f) Når eclairs er afkølet, skærer du dem i halve vandret.
g) Varm den tunge fløde op, indtil den lige begynder at simre.
h) Hæld den varme fløde over de hvide chokoladechips. Lad det sidde i et minut, og rør derefter, indtil det er glat.
i) Bland hindbærsyltetøjet i, indtil det er godt blandet.
j) Fyld hver eclair med hindbærfyldet med hvid chokolade ved hjælp af en sprøjtepose.

HVID CHOKOLADE HINDBÆR GANACHE:
k) Varm den tunge fløde op i en gryde, indtil den lige begynder at simre.
l) Hæld den varme fløde over den hakkede hvide chokolade. Lad det sidde i et minut, og rør derefter, indtil det er glat.
m) Dyp toppen af hver eclair i den hvide chokolade hindbærganache, og sørg for en jævn belægning.
n) Pynt hver eclair med friske hindbær.
o) Lad ganachen trække i cirka 15 minutter før servering.

20.Mørk Chokolade Orange Eclairs

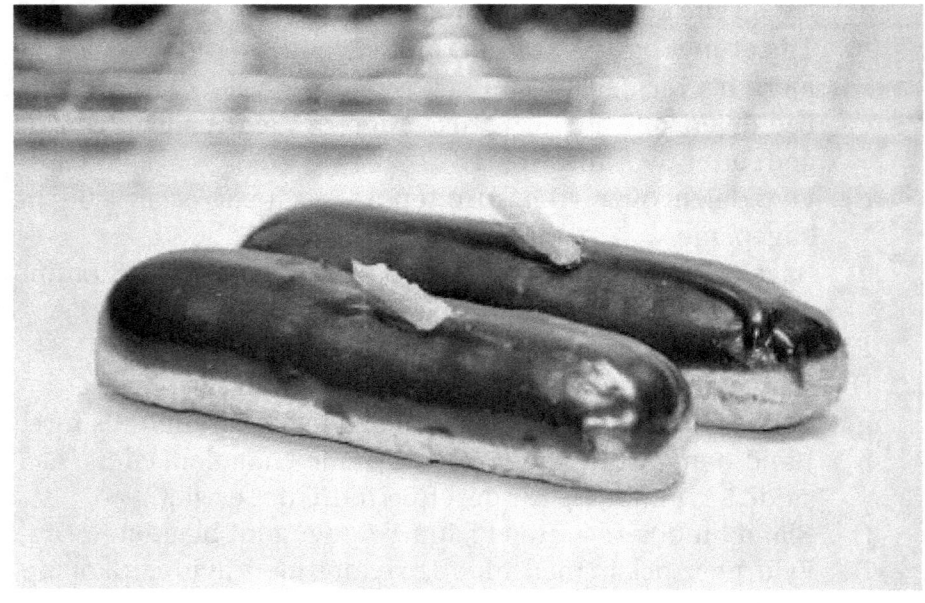

INGREDIENSER:
TIL CHOUX PASTRY:
- 1 kop vand
- 1/2 kop usaltet smør
- 1 kop universalmel
- 4 store æg

TIL FYLDET:
- 2 kopper chokolade appelsin ganache
- Appelsinskal til pynt

TIL CHOKOLADE GLASUREN:
- 1/2 kop mørk chokolade, hakket
- 1/4 kop usaltet smør
- 1 kop pulveriseret sukker
- 1/4 kop varmt vand

INSTRUKTIONER:
CHOUX DÆG:
a) I en gryde kombineres vand og smør. Varm op over medium varme, indtil smørret smelter og blandingen koger.
b) Fjern fra varmen, tilsæt melet på én gang, og rør kraftigt, indtil blandingen danner en kugle.
c) Lad dejen køle af i et par minutter, og tilsæt derefter æggene et ad gangen og pisk godt efter hver tilsætning.
d) Flyt dejen over i en sprøjtepose og hæld eclairs ud på en bageplade.
e) Bages i en forvarmet ovn ved 375°F (190°C) i cirka 30 minutter eller indtil de er gyldenbrune. Lad afkøle.

FYLDNING:
f) Tilbered chokoladeappelsinganache ved at smelte mørk chokolade og tilsætte appelsinskal i blandingen.
g) Når ganachen er let afkølet, men stadig kan hældes, fyldes eclairs ved at injicere eller sprede ganachen ind i midten.

CHOKOLADE GLASUR:
h) I en varmefast skål smeltes chokoladen og smørret over en dobbeltkoger.
i) Fjern fra varmen, tilsæt pulveriseret sukker, og rør gradvist i varmt vand, indtil det er glat.

j) Dyp toppen af hver eclair i chokoladeglasuren, og lad det overskydende dryppe af.
k) Drys yderligere appelsinskal på toppen af hver eclair for at få et udbrud af citrussmag.
l) Stil de fyldte og glaserede eclairs i køleskabet i cirka 30 minutter for at sætte chokoladen.
m) Serveres afkølet og nyd den dejlige kombination af mørk chokolade og appelsin i disse unikke eclairs!

21. Krydret mexicansk chokolade Eclairs

INGREDIENSER:
TIL CHOUX PASTRY:
- 1 kop vand
- 1/2 kop usaltet smør
- 1 kop universalmel
- 4 store æg

TIL FYLDET:
- 2 kopper chokolade kanel ganache
- Knip cayennepeber

TIL CHOKOLADE GLASUREN:
- 1/2 kop mørk chokolade, hakket
- 1/4 kop usaltet smør
- 1 kop pulveriseret sukker
- 1/4 tsk stødt kanel

INSTRUKTIONER:
CHOUX DÆG:
a) I en gryde kombineres vand og smør. Varm op over medium varme, indtil smørret smelter og blandingen koger.
b) Fjern fra varmen, tilsæt melet på én gang, og rør kraftigt, indtil blandingen danner en kugle.
c) Lad dejen køle af i et par minutter, og tilsæt derefter æggene et ad gangen og pisk godt efter hver tilsætning.
d) Flyt dejen over i en sprøjtepose og hæld eclairs ud på en bageplade.
e) Bages i en forvarmet ovn ved 375°F (190°C) i cirka 30 minutter eller indtil de er gyldenbrune. Lad afkøle.

FYLDNING:
f) Forbered chokoladekanelganache ved at smelte mørk chokolade og inkorporere stødt kanel i blandingen.
g) Tilføj en knivspids cayennepeber til ganachen, juster efter smag.
h) Når ganachen er let afkølet, men stadig kan hældes, fyldes eclairs ved at injicere eller sprede den krydrede chokoladeblanding i midten.

CHOKOLADE GLASUR:

i) I en varmefast skål smeltes chokoladen og smørret over en dobbeltkoger.
j) Fjern fra varmen, tilsæt pulveriseret sukker, og rør gradvist i varmt vand, indtil det er glat.
k) Dyp toppen af hver eclair i chokoladeglasuren, og lad det overskydende dryppe af.
l) Lad de fyldte og glaserede eclairs sætte sig i køleskabet i cirka 30 minutter.
m) Serveres afkølet og nyd den unikke kombination af krydret mexicansk chokolade i disse eclairs!

22.Hasselnød Praline Chokolade Eclairs

INGREDIENSER:
TIL CHOUX PASTRY:
- 1 kop vand
- 1/2 kop usaltet smør
- 1 kop universalmel
- 4 store æg

TIL FYLDET:
- 2 kopper hasselnøddepralinecreme

TIL CHOKOLADE GLASUREN:
- 1/2 kop mørk chokolade, hakket
- 1/4 kop usaltet smør
- Knuste hasselnødder til pynt

INSTRUKTIONER:
CHOUX DÆG:
a) I en gryde kombineres vand og smør. Varm op over medium varme, indtil smørret smelter og blandingen koger.
b) Fjern fra varmen, tilsæt melet på én gang, og rør kraftigt, indtil blandingen danner en kugle.
c) Lad dejen køle af i et par minutter, og tilsæt derefter æggene et ad gangen og pisk godt efter hver tilsætning.
d) Flyt dejen over i en sprøjtepose og hæld eclairs ud på en bageplade.
e) Bages i en forvarmet ovn ved 375°F (190°C) i cirka 30 minutter eller indtil de er gyldenbrune. Lad afkøle.

FYLDNING:
f) Forbered hasselnøddepralinecreme ved at inkorporere knuste hasselnødder i en grundlæggende wienerbrødscreme eller creme.
g) Når hasselnøddepralinecremen er klar, fyldes eclairs ved at injicere eller sprede cremen ind i midten.

CHOKOLADE GLASUR:
h) I en varmefast skål smeltes chokoladen og smørret over en dobbeltkoger.
i) Dyp toppen af hver eclair i chokoladeglasuren, og lad det overskydende dryppe af.

j) Drys knuste hasselnødder på toppen af hver eclair for ekstra smag og tekstur.
k) Lad de fyldte og glaserede eclairs sætte sig i køleskabet i cirka 30 minutter.
l) Serveres afkølet og nyd den dejlige kombination af hasselnøddepraline og chokolade i disse eclairs!

23.Crème Brûlée Chokolade Éclairs

INGREDIENSER:
TIL CHOUX PASTRY:
- 1 kop vand
- 1/2 kop usaltet smør
- 1 kop universalmel
- 4 store æg

TIL FYLDET:
- 2 kopper chokoladecreme (eller chokoladecreme)

TIL CRÈME BRÛLÉE TOPPING:
- 1/4 kop granuleret sukker
- Køkkenlampe til karamellisering

INSTRUKTIONER:
CHOUX DÆG:
a) I en gryde kombineres vand og smør. Varm op over medium varme, indtil smørret smelter og blandingen koger.
b) Fjern fra varmen, tilsæt melet på én gang, og rør kraftigt, indtil blandingen danner en kugle.
c) Lad dejen køle af i et par minutter, og tilsæt derefter æggene et ad gangen og pisk godt efter hver tilsætning.
d) Flyt dejen over i en sprøjtepose og hæld eclairs ud på en bageplade.
e) Bages i en forvarmet ovn ved 375°F (190°C) i cirka 30 minutter eller indtil de er gyldenbrune. Lad afkøle.

FYLDNING:
f) Tilbered chokoladecreme eller chokoladecreme og lad det køle af.
g) Når choux-dejen er afkølet, fyldes eclairs ved at sprøjte eller fordele chokoladecremen i midten.

CRÈME BRÛLÉE TOPPING:
h) Drys et tyndt, jævnt lag perlesukker på toppen af hver eclair.
i) Brug en køkkenlomme til at karamellisere sukkeret, indtil det danner en gyldenbrun skorpe. Flyt lommelygten i cirkulære bevægelser for at sikre ensartet karamellisering.
j) Lad det karamelliserede sukker køle af og stivne i et par minutter.
k) Server Crème Brûlée Chocolate Éclairs med den dejlige kontrast af den sprøde karamelliserede topping og det cremede chokoladefyld.

24.Glutenfri chokolade Eclairs

INGREDIENSER:
TIL DEN GLUTENFRI CHOUX DEJ:
- 1 kop vand
- 1/2 kop usaltet smør
- 1 kop glutenfri universalmel
- 1/2 tsk xanthangummi (hvis ikke inkluderet i melblandingen)
- 4 store æg

TIL FYLDET:
- 2 kopper glutenfri chokolade wienerbrød creme

TIL CHOKOLADE GLASUREN:
- 1/2 kop mørk chokolade, hakket
- 1/4 kop usaltet smør
- 1 kop pulveriseret sukker
- 1/4 kop varmt vand

INSTRUKTIONER:
GLUTENFRI CHOUX DEJ:
a) Forvarm din ovn til 375°F (190°C) og beklæd en bageplade med bagepapir.
b) I en gryde kombineres vand og smør. Varm op over medium varme, indtil smørret smelter og blandingen koger.
c) Fjern fra varmen, tilsæt glutenfrit mel og xanthangummi (hvis nødvendigt), og rør kraftigt, indtil blandingen danner en kugle.
d) Lad dejen køle af i et par minutter, og tilsæt derefter æggene et ad gangen og pisk godt efter hver tilsætning.
e) Overfør den glutenfri choux-dej til en sprøjtepose, og rør eclairs ud på den forberedte bageplade.
f) Bages i cirka 30 minutter eller indtil de er gyldenbrune. Lad afkøle.

FYLDNING:
g) Tilbered glutenfri chokoladedejscreme og lad den køle af.
h) Når den glutenfri choux-dej er afkølet, fyldes eclairs ved at sprøjte ind eller fordele chokoladedejscremen i midten.

CHOKOLADE GLASUR:
i) I en varmefast skål smeltes den mørke chokolade og smør over en dobbeltkoger.

j) Fjern fra varmen, tilsæt pulveriseret sukker, og rør gradvist i varmt vand, indtil det er glat.
k) Dyp toppen af hver glutenfri eclair i chokoladeglasuren, og lad overskydende dryppe af.
l) Lad de fyldte og glaserede glutenfri eclairs sætte sig i køleskabet i cirka 30 minutter.
m) Serveres afkølet og nyd den glutenfri version af disse lækre chokolade-eclairs!

25.Chokolade & saltet karamel Éclairs

INGREDIENSER:
TIL CHOUX PASTRY:
- 1 kop vand
- 1/2 kop usaltet smør
- 1 kop universalmel
- 4 store æg

TIL FYLDET:
- 2 kopper saltet karamelcreme
- Yderligere havsalt til pynt

TIL CHOKOLADE GLASUREN:
- 1/2 kop mørk chokolade, hakket
- 1/4 kop usaltet smør
- 1 kop pulveriseret sukker
- 1/4 kop varmt vand

INSTRUKTIONER:
CHOUX DÆG:
a) Forvarm din ovn til 375°F (190°C) og beklæd en bageplade med bagepapir.
b) I en gryde kombineres vand og smør. Varm op over medium varme, indtil smørret smelter og blandingen koger.
c) Fjern fra varmen, tilsæt melet og rør kraftigt, indtil blandingen danner en kugle.
d) Lad dejen køle af i et par minutter, og tilsæt derefter æggene et ad gangen og pisk godt efter hver tilsætning.
e) Flyt dejen over i en sprøjtepose og hæld eclairs ud på den forberedte bageplade.
f) Bages i cirka 30 minutter eller indtil de er gyldenbrune. Lad afkøle.

FYLDNING:
g) Forbered saltet karamelcreme ved at inkorporere havsalt i en grundlæggende wienerbrødscreme eller vanillecreme.
h) Når choux-dejen er afkølet, fyldes eclairs ved at sprøjte ind eller fordele den saltede karamelcreme i midten.

CHOKOLADE GLASUR:
i) I en varmefast skål smeltes den mørke chokolade og smør over en dobbeltkoger.

j) Fjern fra varmen, tilsæt pulveriseret sukker, og rør gradvist i varmt vand, indtil det er glat.
k) Dyp toppen af hver eclair i chokoladeglasuren, og lad det overskydende dryppe af.
l) Drys et nip havsalt på toppen af hver chokoladeglaseret eclair for en ekstra burst af saltet karamelsmag.
m) Lad de fyldte og glaserede eclairs sætte sig i køleskabet i cirka 30 minutter.
n) Serveres afkølet og nyd den lækre kombination af chokolade og saltet karamel i disse éclairs!

26.Pralinfyldte chokolade Éclairs

INGREDIENSER:
TIL CHOUX PASTRY:
- 1 kop vand
- 1/2 kop usaltet smør
- 1 kop universalmel
- 4 store æg

TIL FYLDET:
- 2 kopper hasselnøddepralinecreme

TIL CHOKOLADE GLASUREN:
- 1/2 kop mørk chokolade, hakket
- 1/4 kop usaltet smør
- Knuste hasselnødder til pynt

INSTRUKTIONER:
CHOUX DÆG:
a) Forvarm din ovn til 375°F (190°C) og beklæd en bageplade med bagepapir.
b) I en gryde kombineres vand og smør. Varm op over medium varme, indtil smørret smelter og blandingen koger.
c) Fjern fra varmen, tilsæt melet og rør kraftigt, indtil blandingen danner en kugle.
d) Lad dejen køle af i et par minutter, og tilsæt derefter æggene et ad gangen og pisk godt efter hver tilsætning.
e) Flyt dejen over i en sprøjtepose og hæld eclairs ud på den forberedte bageplade.
f) Bages i cirka 30 minutter eller indtil de er gyldenbrune. Lad afkøle.

FYLDNING:
g) Forbered hasselnøddepralinecreme ved at inkorporere knuste hasselnødder i en grundlæggende wienerbrødscreme eller creme.
h) Når choux-dejen er afkølet, fyldes eclairerne ved at injicere eller fordele hasselnøddepralinecremen i midten.

CHOKOLADE GLASUR:
i) I en varmefast skål smeltes den mørke chokolade og smør over en dobbeltkoger.

j) Dyp toppen af hver eclair i chokoladeglasuren, og lad det overskydende dryppe af.
k) Drys knuste hasselnødder på toppen af hver eclair for ekstra smag og tekstur.
l) Lad de fyldte og glaserede eclairs sætte sig i køleskabet i cirka 30 minutter.
m) Serveres afkølet og nyd den dejlige kombination af praline og chokolade i disse éclairs!

27. Chokolade Pistacie Éclairs

INGREDIENSER:
TIL CHOUX PASTRY:
- 1 kop vand
- 1/2 kop usaltet smør
- 1 kop universalmel
- 4 store æg

TIL FYLDET:
- 2 kopper pistacie kagecreme

TIL CHOKOLADE GLASUREN:
- 1/2 kop mørk chokolade, hakket
- 1/4 kop usaltet smør
- Knuste pistacienødder til pynt

INSTRUKTIONER:
CHOUX DÆG:
a) Forvarm din ovn til 375°F (190°C) og beklæd en bageplade med bagepapir.
b) I en gryde kombineres vand og smør. Varm op over medium varme, indtil smørret smelter og blandingen koger.
c) Fjern fra varmen, tilsæt melet og rør kraftigt, indtil blandingen danner en kugle.
d) Lad dejen køle af i et par minutter, og tilsæt derefter æggene et ad gangen og pisk godt efter hver tilsætning.
e) Flyt dejen over i en sprøjtepose og hæld eclairs ud på den forberedte bageplade.
f) Bages i cirka 30 minutter eller indtil de er gyldenbrune. Lad afkøle.

FYLDNING:
g) Forbered pistacienødscreme ved at inkorporere knuste pistacienødder i en grundlæggende wienerbrødscreme eller vanillecreme.
h) Når choux-dejen er afkølet, fyldes eclairerne ved at sprøjte ind eller fordele pistaciedejscremen i midten.

CHOKOLADE GLASUR:
i) I en varmefast skål smeltes den mørke chokolade og smør over en dobbeltkoger.

j) Dyp toppen af hver eclair i chokoladeglasuren, og lad det overskydende dryppe af.
k) Drys knuste pistacienødder på toppen af hver eclair for ekstra smag og tekstur.
l) Lad de fyldte og glaserede eclairs sætte sig i køleskabet i cirka 30 minutter.
m) Serveres afkølet og nyd den dejlige kombination af chokolade og pistacie i disse éclairs!

28. Chokolademousse Éclairs

INGREDIENSER:
TIL CHOUX PASTRY:
- 1 kop vand
- 1/2 kop usaltet smør
- 1 kop universalmel
- 4 store æg

TIL CHOKOLADEMOUSSE-FYLDET:
- 1 1/2 dl tung fløde
- 1 kop mørk chokolade, hakket
- 1/4 kop granuleret sukker
- 1 tsk vaniljeekstrakt

TIL CHOKOLADE GLASUREN:
- 1/2 kop mørk chokolade, hakket
- 1/4 kop usaltet smør
- 1 kop pulveriseret sukker
- 1/4 kop varmt vand

INSTRUKTIONER:
CHOUX DÆG:
a) Forvarm din ovn til 375°F (190°C) og beklæd en bageplade med bagepapir.
b) I en gryde kombineres vand og smør. Varm op over medium varme, indtil smørret smelter og blandingen koger.
c) Fjern fra varmen, tilsæt melet og rør kraftigt, indtil blandingen danner en kugle.
d) Lad dejen køle af i et par minutter, og tilsæt derefter æggene et ad gangen og pisk godt efter hver tilsætning.
e) Flyt dejen over i en sprøjtepose og hæld éclairs ud på den forberedte bageplade.
f) Bages i cirka 30 minutter eller indtil de er gyldenbrune. Lad afkøle.

CHOKOLADEMOUSSE FYLD:
g) I en varmefast skål smeltes den mørke chokolade over en dobbelt kedel eller i mikrobølgeovnen under omrøring, indtil den er jævn. Lad det køle lidt af.

h) I en separat skål piskes den tunge fløde, indtil der dannes bløde toppe. Tilsæt sukker og vaniljeekstrakt, og fortsæt med at piske, indtil der dannes stive toppe.
i) Vend forsigtigt den smeltede chokolade i flødeskummet, indtil det er godt blandet.
j) Når éclairerne er afkølet, fyldes dem med chokolademoussen ved at sprøjte eller fordele moussen i midten.

CHOKOLADE GLASUR:
k) I en varmefast skål smeltes den mørke chokolade og smør over en dobbeltkoger.
l) Fjern fra varmen, tilsæt pulveriseret sukker, og rør gradvist i varmt vand, indtil det er glat.
m) Dyp toppen af hver éclair i chokoladeglasuren, og lad det overskydende dryppe af.
n) Lad de fyldte og glaserede éclairs sætte sig i køleskabet i cirka 30 minutter.
o) Serveres afkølet og nyd den dekadente og cremede chokolademousse Éclairs

FRUGTIGE ECLAIRS

29.Hindbær-ferskenmousse Eclairs

INGREDIENSER:
ECLAIR DEJ:
- 3 store æg, ved stuetemperatur
- 2/3 kop vand
- 5 spsk usaltet smør, skåret i 1/2-tommers terninger
- 3/16 tsk salt
- 2/3 kop sigtet universalmel
- 1/2 tsk citronskal

HINDBÆR-FERSKEN-MOUSSE-FYLD:
- 1/4 kop koldt vand
- 1 kuvert pulveriseret gelatine uden smag
- 1 kop tung fløde, delt
- 1 spsk granuleret sukker
- 4 ounces schweizisk hvid chokolade, groft hakket
- 1/2 kop frosne hindbær, optøet
- 2 spsk Chambord likør
- 1/2 kop finthakkede friske eller dåse ferskner

HINDBÆRSAUCE:
- 1 pose (12 oz) frosne hindbær
- 3/4 kop granuleret sukker
- 2 spsk Chambord likør

PYNT:
- Flormelis
- Ferskenskiver
- mynte (valgfrit)

INSTRUKTIONER:
ECLAIR DEJ:
a) Forvarm ovnen til 425 grader F. Beklæd to bageplader med bagepapir.
b) I et glasmålebæger røres æggene, indtil de er blandet. Reserver 2 spiseskefulde sammenpisket æg i en lille kop.
c) Kombiner vand, smør og salt i en mellemtung gryde. Varm op ved middel varme, indtil smørret er smeltet.
d) Øg varmen til medium-høj og bring blandingen i kog. Fjern fra varmen.

e) Brug et piskeris til at røre mel og citronskal i. Pisk kraftigt, indtil blandingen er glat og trækker sig væk fra siden af gryden.
f) Sæt gryden tilbage på varmen under konstant omrøring med en træske. Kog i 30 til 60 sekunder, indtil pastaen danner en meget glat kugle.
g) Overfør pastaen til en stor skål.
h) Hæld den reserverede 1/2 kop pisket æg over pastaen og pisk kraftigt med en træske i 45 til 60 sekunder, indtil blandingen danner en glat, blød dej.
i) Fyld en wienerbrødspose med en 5/16-tommer almindelig spids med eclair-dejen. Rør 4 1/2-tommer strimler cirka 1/2-tommer brede på de forberedte bageplader, og efterlader omkring 1 1/2 tommer mellem eclairs.
j) Pensl let toppen af eclairerne med det resterende sammenpiskede æg.
k) Bag eclairerne i 10 minutter, og reducer derefter ovntemperaturen til 375 grader F. Fortsæt med at bage i 20 til 25 minutter, indtil de er dybt gyldenbrune. Overfør til en rist og afkøl helt.

HINDBÆR-FERSKEN-MOUSSE-FYLD:
l) Kom det kolde vand i en lille kop. Drys gelatinen over vandet og lad det stå i 5 minutter for at blødgøre gelatinen.
m) Kombiner 1/2 kop fløde og sukker i en lille gryde. Kog over medium varme under konstant omrøring, indtil blandingen koger let.
n) Tilsæt den blødgjorte gelatine til den varme fløde og pisk indtil gelatinen er helt opløst.
o) I en foodprocessor bearbejdes den hvide chokolade, indtil den er finthakket. Tilsæt den varme flødeblanding og kør til den er helt glat.
p) Tilsæt de optøede hindbær og chambord til den hvide chokoladeblanding. Bearbejd indtil glat.
q) Overfør blandingen til en mellemstor skål og rør de hakkede ferskner i.
r) I en afkølet medium skål, pisk den resterende 1/2 kop fløde ved hjælp af en håndholdt elektrisk mixer indstillet til medium hastighed, indtil der begynder at dannes bløde toppe.

s) Vend forsigtigt flødeskummet ind i hindbærblandingen med hvid chokolade.
t) Dæk overfladen af moussen med plastfolie og stil den på køl i 15 minutter, eller indtil den er tyknet til det stadie, hvor den danner bløde høje. Lad ikke moussen stivne helt.

HINDBÆRSAUCE:
u) Kombiner de frosne hindbær og sukker i en mellemstor gryde. Kog over medium varme under konstant omrøring, indtil sukkeret er helt opløst og bærrene er bløde. Lad ikke blandingen koge.
v) Si hindbærblandingen gennem en finmasket sigte ned i en skål.
w) Rør Chambord i. Dæk til og stil på køl indtil servering.

SAMLER ECLAIRS:
x) Skær eclairs i halve og fjern eventuel fugtig dej.
y) Fyld hver eclair med cirka tre spiseskefulde af hindbær-ferskenmoussefyldet.
z) Udskift toppen af eclairen.
æ) Drys eclairs med konditorsukker, hvis det ønskes.
ø) Dryp lidt af hindbærsaucen på hver desserttallerken.
å) Top med en eclair.
aa) Pynt med ferskenskiver og mynte, hvis det ønskes.

30. orange Eclairs

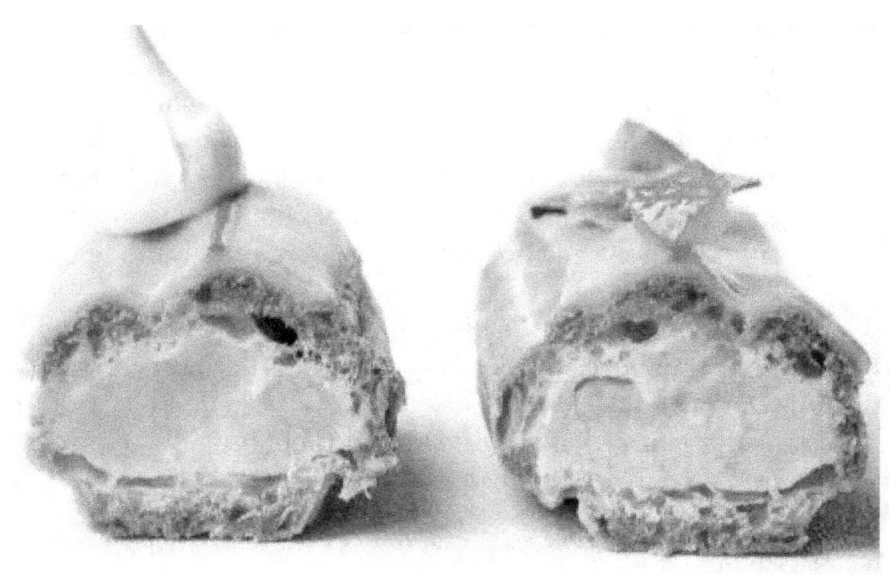

INGREDIENSER:
ECLAIRS:
- 3 spsk 70% kærnemælk-vegetabilsk oliepålæg
- 1/4 tsk salt
- 3/4 kop universalmel
- 2 æg
- 1 æggehvide

KONTIGCREMME:
- 2/3 kop 1% fedtfattig mælk
- 3 spsk sukker
- 4 teskefulde universalmel
- 2 tsk majsstivelse
- 1/8 tsk salt
- 1 æggeblomme
- 1 tsk 70% kærnemælk-vegetabilsk oliepålæg
- 2 tsk revet appelsinskal
- 1 tsk appelsinekstrakt
- 1/2 tsk vanilje
- 12 kopper frossen fedtfri, ikke-mejeri pisket topping, optøet

CHOKOLADE GLASUR:
- 1/4 kop fedtfattig sødet kondenseret mælk
- 2 spsk usødet kakaopulver
- 2-4 tsk vand (hvis nødvendigt)

INSTRUKTIONER:
ECLAIRS:
a) Kombiner vegetabilsk oliespredning, salt og 3/4 kop vand i en lille gryde. Bring i kog. Fjern fra varmen.
b) Tilsæt mel på én gang og bland hurtigt med en træske, indtil blandingen er samlet i en kugle.
c) Sæt gryden over lav varme i 3-4 minutter for at tørre dejen, og rør konstant med en træske. Dejen skal være blød og ikke klistret.
d) Overfør dejen til en foodprocessor eller en stor skål med en kraftig elmixer. Afkøl i 5 minutter.
e) Tilsæt æg og æggehvide, en ad gangen, og bland indtil den er helt glat efter hver tilsætning.

f) Beklæd en bageplade med nonstick-spray. Fyld en stor kagepose (uden spids) med dejen. Klem 8 eclairs, hver 1" i diameter og 4" i længden, ud på bagepladen. Lad dem stå i mindst 10 minutter for at tørre.
g) Forvarm ovnen til 375°F. Bages i 35-40 minutter eller indtil de er gyldne og gennemstegte. Overfør til en rist til afkøling.

KONTIGCREMME:
h) I en lille gryde røres mælk, sukker, mel, majsstivelse og salt sammen, indtil det er blandet.
i) Kog over medium varme under konstant omrøring, indtil blandingen koger og tykner, 4-5 minutter.
j) Fjern fra varmen. I en lille skål piskes æggeblommen let. Pisk gradvist omkring 1/4 kop af den varme mælkeblanding i.
k) Pisk æggeblommeblandingen tilbage i mælkeblandingen i gryden. Sæt gryden tilbage på middel-lav varme og pisk blandingen, indtil den lige begynder at simre, cirka 30 sekunder. Fjern fra varmen.
l) Rør vegetabilsk oliepålæg, skal og appelsin- og vaniljeekstrakter i, indtil det er glat og smeltet. Overfør til en skål.
m) Tryk plastfolie direkte på overfladen. Afkøl til stuetemperatur, og afkøl derefter grundigt i køleskabet, cirka 2 timer.
n) Fold pisket topping i. Stil på køl indtil klar til at samles.

SAMLING AF ECLAIRS:
o) Skær hver eclair i halve på langs.
p) Kom omkring 3 spiseskefulde konditorcreme i hver eclair-bund. Udskift toppe.

CHOKOLADE GLASUR:
q) I en lille gryde kombineres kondenseret mælk og kakaopulver.
r) Varm op ved lav varme under konstant omrøring, indtil blandingen bobler og tykner, 1-2 minutter.
s) Fordel over toppen af eclairs. Hvis glasuren er for tyk, så tynd med 2-4 tsk vand.
t) Server med det samme og nyd disse lækre Eclairs à l'Orange!

31. Passionsfrugt Eclairs

INGREDIENSER:
TIL ECLAIRS:
- ½ kop usaltet smør
- 1 kop vand
- 1 kop universalmel
- ¼ teskefuld Kosher Salt
- 4 æg

TIL PASSIONSFRUGT-KAGERCREMMEN:
- 6 passionsfrugter (juiceret)
- 5 æggeblommer
- ⅓ kop majsstivelse
- ¼ teskefuld Kosher Salt
- ⅔ kop granuleret sukker
- 2 kopper sødmælk
- 1 spsk Smør

INSTRUKTIONER:
TIL ECLAIRS:
a) Forvarm ovnen til 425°F.
b) I en stor gryde på komfuret bringes vand og smør i kog.
c) Rør salt i, og efter at det er opløst, tilsæt mel under omrøring, indtil det danner en gelatinøs kugle.
d) Overfør den varme dej til en røreskål og lad den køle af i 2 minutter.
e) Tilsæt æg et ad gangen under omrøring, indtil det er helt indarbejdet.
f) Overfør dejen til en sprøjtepose.
g) På en pergamentbeklædt bageplade, rør 3-tommer lange rør af dej.
h) Bag til gyldenbrun, cirka 20-25 minutter.
i) Lad eclairs køle af, og del dem derefter i to, læg fyldet mellem halvdelene, eller brug en kagepose til at røre fyldet indeni.

TIL PASSIONSFRUGT-KAGERCREMMEN:
j) Juice passionsfrugten, sigt for at fjerne frø.
k) I en skål kombineres æggeblommer, majsstivelse, salt og sukker.

l) Tilsæt gradvist varm mælk til æggeblandingen, mens du pisker konstant for at forhindre krybning.
m) Hæld blandingen tilbage i en gryde og varm op ved middel varme, indtil den tykner som budding.
n) Fjern fra varmen, tilsæt passionsfrugtjuice og smør til den varme wienerbrødscreme under omrøring, indtil den er helt blandet.
o) Lad konditorcremen køle af ved stuetemperatur, og stil den derefter på køl tildækket med plastfolie i op til 3 dage.
p) Når du er klar til at samle, overfører du den afkølede wienerbrødscreme til en kagepose, skærer eclairen i skiver og fylder indersiden med fløde.

32.Fuld hvede frugtagtig Eclairs

INGREDIENSER:
CHOUX DÆG:
- ½ kop vand
- ¼ kop usaltet smør
- Knivspids salt
- ¼ kop All-Purpose Mel
- ¼ kop fuldkornshvedemel
- 2 stykker hele æg

FYLDNING:
- 1 kop fedtfri mælk - eller ikke-mejeri nøddemælk
- 2 spsk stevia sukkerblanding
- 1 stk æggeblomme
- 2 spsk majsstivelse
- Knivspids salt
- 1 tsk vanilje
- ½ kop piskefløde
- Frisk frugt til topping

INSTRUKTIONER:
a) Forvarm ovnen til 375 °F/190Fedt og beklæd en bageplade.
b) I en gryde blandes vand, smør og salt. Varm op til smørret smelter og vandet koger. Sænk varmen. Tilsæt mel og rør kraftigt, indtil blandingen forlader siderne af gryden. Fjern fra varmen og afkøle lidt. Med en træske; pisk æggene i et ad gangen, til det er glat.
c) Fortsæt med at piske indtil meget glat og skinnende. Overfør blandingen i en kagepose. Pip ud strimler omkring 3-tommer lange, og 2 inches fra hinanden. Bages ved 375F i 30-45 minutter; fortsæt med at bage, indtil éclairs er brune og helt tørre. Afkøl på rist.

FORBERED CREMEFYLDNING:
d) I en gryde kombineres sukker, majsstivelse, salt, mælk og æggeblommer. Kog over medium lav varme, under konstant omrøring, indtil blandingen tykner. Fjern fra varmen. Rør vanilje i. Stil på køl til afkøling.
e) Når cremecremen er afkølet, vend flødeskum forsigtigt i. Lægges på en sprøjtepose.

AT SAMLE:
f) Fyld kager med flødefyld og pynt med frisk frugt.
g) Tjene.

33.Passionsfrugt og hindbær Éclairs

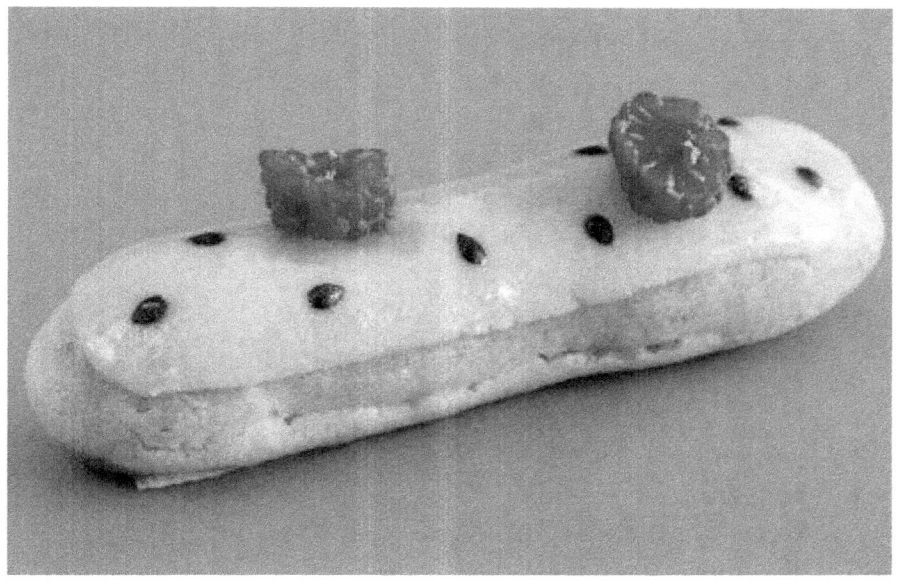

INGREDIENSER:
TIL DEN NEUTRALE GLASUR:
- 125 g vand
- 5 g NH pektin (1 tsk)
- 30 g granuleret sukker
- 100 g granuleret sukker
- 8 g glukosesirup

TIL PASSIONSFRUGTCREMEN:
- 75 g passionsfrugtjuice (ca. 7 frugter)
- 10 g citronsaft
- 1 g gelatine
- 105 g æg (~2)
- 85 g granuleret sukker
- 155 g smør (stuetemperatur)

TIL HINDBÆR CONFIT:
- 60 g granuleret sukker
- 4 g pektin (næsten en teskefuld)
- 90 g hindbærjuice
- 30 g glukosesirup
- 20 g citronsaft

TIL CHOUX PASTRY:
- 85 g mælk
- 85 g vand
- 1 knivspids salt
- 85 g usaltet smør
- 85 g brødmel
- 148 g æg
- 3 g sukker
- 1 vaniljeekstrakt

DEKORATION:
- 100 g mandelmasse (med 50% mandler)
- Gul farve (efter behov)
- Orange farve (efter behov)
- Gylden madglitter (valgfrit)
- 20 Friske hindbær

INSTRUKTIONER:
TIL DEN NEUTRALE GLASUR:
a) Bland 30 g sukker med pektin.
b) Varm vand op i en gryde, tilsæt sukker og pektin under konstant omrøring.
c) Tilsæt det resterende sukker og glukose under konstant omrøring og bring det i kog.
d) Si blandingen og stil den på køl i mindst 24 timer før brug.

TIL PASSIONSFRUGTCREMEN:
e) Skær passionsfrugterne i to, ekstraher frugtkødet, sigt for at få saften.
f) Lad gelatine blomstre i passionsfrugtjuice i 5 minutter.
g) Kombiner passionsfrugtjuice, citronsaft, sukker og æg i en skål over kogende vand, pisk indtil det er tyknet.
h) Afkøl hurtigt cremen til 45°C, tilsæt derefter smør i tern to gange, og blend med en stavblender. Stil på køl i en sprøjtepose.

TIL HINDBÆR CONFIT:
i) Bland og si friske hindbær for at fjerne frø (samlet vægt efter dette trin skal være 90 g).
j) Kog hindbærsaft, bland sukker og pektin, tilsæt hindbærene og bring det i kog. Stil på køl indtil det skal bruges.

TIL CHOUX PASTRY:
k) Kog mælk, vand, salt og smør op i en gryde. Sørg for, at smør er helt smeltet.
l) Fjern fra varmen, tilsæt mel, rør rundt og sæt gryden tilbage på varmen, pisk indtil dejen kommer væk fra siderne og efterlader en tynd hinde i bunden.
m) Kom dejen over i en skål, lad den køle af, og tilsæt æg et ad gangen, indtil den er blank, men fast. Sprøjt 11 cm striber på en smurt eller pergamentbeklædt ovnplade.
n) Forvarm ovnen til 250°C, sluk den, lad bakken stå inde i 12-16 minutter. Tænd ovnen på 160°C, steg i 25-30 minutter mere.

SAMLING AF ÉCLAIRS:
o) Lav tre huller i bunden af bagte éclairs med spidsen af en kniv.

p) Fyld éclairs med en lille mængde hindbærconfit, og fyld dem derefter helt med passionsfrugtcreme.

q) Arbejd mandelmasse med farve for at få en varm gul farve, skær den i form af en éclair.
r) Opvarm 120 g neutral glasur, indtil den er flydende (ikke mere end 40°C).
s) Pensl toppen af éclairs med neutral glasur, sæt mandelpastabetræk på toppen.
t) Tilsæt gyldent glimmer til den resterende glasur, glasér mandelmasse på toppen, og tilsæt derefter snittede hindbær og et skvæt resterende hindbærconfit.

34.Jordbær og creme Eclairs

INGREDIENSER:
FOR ECLAIRS:
- 80 gram (1/3 kop) vand
- 80 gram (1/3 kop) sødmælk
- 72 gram (5 spsk) usaltet smør
- 3 gram (3/4 tsk) superfint sukker
- 2,5 gram (1/2 tsk) salt
- 90 gram (3/4 kop) hvidt brødmel
- 155 gram (5 1/2 ounce) sammenpisket æg (3 mellemstore æg)

TIL FYLDNING:
- 300 milliliter (1 1/4 kop) tung fløde
- 1 spsk superfint sukker
- 1 tsk vanilje
- Pulveriseret sukker, til støv
- 8 til 10 jordbær, skåret i skiver

INSTRUKTIONER:
TIL ECLAIRS:
a) Kombiner vand, mælk, smør, superfint sukker og salt i en gryde over medium varme. Bring blandingen let i kog (ca. 1 minut).
b) Når det koger, tilsæt mel og rør konstant, indtil det danner en blank dejkugle (ca. 2 minutter).
c) Kom dejen over i en stor skål og lad den køle af i 2 minutter.
d) Tilsæt langsomt en fjerdedel af den sammenpiskede æggeblanding, bland med en træske, indtil den er homogen.
e) Fortsæt med at tilsætte ægget langsomt, indtil dejen når tildrypningsstadiet (falder af skeen på 3 sekunder). Vær forsigtig med ikke at gøre blandingen for flydende.
f) Overfør dejen til en sprøjtepose udstyret med en fransk stjernespidsdyse. Sprøjt ti 5-tommer linjer af dejen ud på en bageplade beklædt med en silikonemåtte eller bagepapir. Frys i 20 minutter.
g) Forvarm ovnen til 205 grader C/400 grader F.
h) Lige før du tilføjer eclairs, tilsæt 2 spsk vand i bunden af ovnen for at skabe damp. Sæt straks eclairs i ovnen, sænk temperaturen til 160 grader C/320 grader F, og bag indtil de er gyldenbrune (30 til 35 minutter). Lad afkøle.

TIL FYLDET:
i) Pisk fløde, superfint sukker og vanilje sammen, indtil der dannes meget bløde toppe.
j) Overfør blandingen til en sprøjtepose udstyret med en fransk stjernespidsdyse eller en anden dekorativ spids.

MONTAGE:
k) Skær de afkølede eclair-skaller i halve på langs for at skabe top- og bundskaller.
l) Drys de øverste skaller let med flormelis.
m) Læg jordbær i skiver på de nederste skaller, og rør derefter flødeskum i en hvirvlende bevægelse ovenpå.
n) Placer de øverste skaller på cremen, sprøjt derefter mere flødeskum i små dukker på toppen og pynt med yderligere friske jordbær.

35.Blandede Berry Eclairs

INGREDIENSER:
TIL CHOUX PASTRY:
- 1 kop vand
- 1/2 kop usaltet smør
- 1 kop universalmel
- 1/2 tsk salt
- 1 spsk sukker
- 4 store æg

TIL DET BLANDEDE BÆR-FYLD:
- 1 kop jordbær, skåret i tern
- 1/2 kop blåbær
- 1/2 kop hindbær
- 1/4 kop brombær
- 1/4 kop granuleret sukker
- 1 spsk citronsaft
- 1 spsk majsstivelse blandet med 2 spsk vand (til fortykning)

TIL VANILJEKÆRDIGREMEN:
- 2 kopper sødmælk
- 1/2 kop granuleret sukker
- 1/4 kop majsstivelse
- 4 store æggeblommer
- 2 tsk vaniljeekstrakt

TIL BÆRGLASUREN :
- 1/2 kop blandet bærsyltetøj (silet for at fjerne frø)
- 2 spsk vand

INSTRUKTIONER:
CHOUX DÆG:
a) Forvarm din ovn til 425°F (220°C). Beklæd en bageplade med bagepapir.
b) Bland vand, smør, salt og sukker i en gryde over medium varme. Bring i kog.
c) Fjern fra varmen og rør hurtigt melet i, indtil der dannes en dej.
d) Sæt gryden tilbage på lav varme og kog dejen under konstant omrøring i 1-2 minutter for at tørre den ud.
e) Overfør dejen til en stor røreskål. Lad det køle af i et par minutter.

f) Tilsæt æg et ad gangen, pisk godt efter hver tilsætning, indtil dejen er glat og skinnende.
g) Overfør dejen til en sprøjtepose udstyret med en stor rund spids. Rør 4-tommer lange strimler på den forberedte bageplade.
h) Bag i 15 minutter ved 425°F, reducer derefter temperaturen til 375°F (190°C) og bag i yderligere 20 minutter eller indtil gyldenbrun. Lad det køle helt af.

BLANDET BÆR FYLD:
i) I en gryde kombineres jordbær, blåbær, hindbær, brombær, sukker og citronsaft.
j) Kog over medium varme, indtil bærrene slipper deres saft og bliver møre.
k) Rør majsstivelses-vandblandingen i og kog indtil blandingen tykner.
l) Fjern fra varmen og lad det køle af.

VANILJE KONTIGCREME:
m) Opvarm mælken i en gryde, indtil den damper, men ikke koger.
n) I en separat skål piskes sukker, majsstivelse og æggeblommer sammen, indtil det er godt blandet.
o) Hæld gradvist den varme mælk i æggeblandingen under konstant piskning.
p) Kom blandingen tilbage i gryden og kog over medium varme under konstant omrøring, indtil den tykner.
q) Fjern fra varmen, rør vaniljeekstrakt i og lad det køle af.

BÆR GLASUR:
r) I en lille gryde varmes blandet bærsyltetøj og vand op, indtil det danner en glat glasur.
s) Si for at fjerne eventuelle frø.

MONTAGE:
t) Skær hver afkølet eclair i halve vandret.
u) Hæld eller sprøjt vaniljedejscreme på den nederste halvdel af hver eclair.
v) Hæld blandet bærfyld over konditorcremen.
w) Læg den øverste halvdel af eclairen på fyldet.
x) Dryp eller pensl bærglasuren over toppen af hver eclair.
y) Serveres afkølet og nyd dine dejlige Mixed Berry Eclairs!

36.Hindbær- og citronmarengs Eclairs

INGREDIENSER:
TIL CHOUX PASTRY:
- 1 kop vand
- 1/2 kop usaltet smør
- 1 kop universalmel
- 1/2 tsk salt
- 1 spsk sukker
- 4 store æg

TIL HINDBÆRFYLDET:
- 1 kop friske hindbær
- 1/4 kop granuleret sukker
- 1 spsk citronsaft

TIL LEMON CURD:
- 3 store citroner, skal og saft
- 1 kop granuleret sukker
- 4 store æg
- 1/2 kop usaltet smør, i tern

TIL MARENGSTOPPINGEN:
- 4 æggehvider
- 1 kop granuleret sukker
- 1 tsk vaniljeekstrakt

INSTRUKTIONER:
CHOUX DÆG:
a) Forvarm din ovn til 425°F (220°C). Beklæd en bageplade med bagepapir.
b) Bland vand, smør, salt og sukker i en gryde over medium varme. Bring i kog.
c) Fjern fra varmen og rør hurtigt melet i, indtil der dannes en dej.
d) Sæt gryden tilbage på lav varme og kog dejen under konstant omrøring i 1-2 minutter for at tørre den ud.
e) Overfør dejen til en stor røreskål. Lad det køle af i et par minutter.
f) Tilsæt æg et ad gangen, pisk godt efter hver tilsætning, indtil dejen er glat og skinnende.

g) Overfør dejen til en sprøjtepose udstyret med en stor rund spids. Rør 4-tommer lange strimler på den forberedte bageplade.
h) Bag i 15 minutter ved 425°F, reducer derefter temperaturen til 375°F (190°C) og bag i yderligere 20 minutter eller indtil gyldenbrun. Lad det køle helt af.

HINDBÆR FYLD:
i) Kombiner hindbær, sukker og citronsaft i en gryde.
j) Kog over medium varme, indtil hindbærene nedbrydes og blandingen tykner.
k) Fjern fra varmen og lad det køle af.

LEMON CURD:
l) I en varmefast skål piskes citronskal, citronsaft, sukker og æg sammen.
m) Stil skålen over en gryde med kogende vand, og sørg for, at bunden af skålen ikke rører vandet.
n) Pisk konstant indtil blandingen tykner.
o) Fjern fra varmen og pisk smør i terninger, indtil det er glat.
p) Si ostemassen for at fjerne eventuelle faste stoffer. Lad det køle af.

MARENGTOPPING:
q) Pisk æggehvider i en ren, tør skål, indtil der dannes bløde toppe.
r) Tilsæt gradvist sukker, mens du fortsætter med at piske, indtil der dannes stive toppe.
s) Vend forsigtigt vaniljeekstrakt i.

MONTAGE:
t) Skær hver afkølet eclair i halve vandret.
u) Hæld eller rør lemon curd på den nederste halvdel af hver eclair.
v) Hæld hindbærfyld over lemon curd.
w) Læg den øverste halvdel af eclairen på fyldet.
x) Sprøjt eller ske marengs på toppen af hver eclair.
y) Brug en køkkenlomme til at brune marengsen let, eller stil eclairs under slagtekyllingen i et par sekunder.
z) Serveres afkølet og nyd den dejlige kombination af hindbær, citron og marengs i hver bid!

37. Hindbær og mælkechokolade Eclairs

INGREDIENSER:
TIL CHOUX PASTRY:
- 1 kop vand
- 1/2 kop usaltet smør
- 1 kop universalmel
- 1/2 tsk salt
- 1 spsk sukker
- 4 store æg

TIL HINDBÆRFYLDET:
- 1 kop friske hindbær
- 1/4 kop granuleret sukker
- 1 spsk citronsaft

TIL MÆLKECHOKOLADE GANACHE:
- 200 g mælkechokolade, finthakket
- 1 kop tung fløde

INSTRUKTIONER:
CHOUX DÆG:
a) Forvarm din ovn til 425°F (220°C). Beklæd en bageplade med bagepapir.
b) Bland vand, smør, salt og sukker i en gryde over medium varme. Bring i kog.
c) Fjern fra varmen og rør hurtigt melet i, indtil der dannes en dej.
d) Sæt gryden tilbage på lav varme og kog dejen under konstant omrøring i 1-2 minutter for at tørre den ud.
e) Overfør dejen til en stor røreskål. Lad det køle af i et par minutter.
f) Tilsæt æg et ad gangen, pisk godt efter hver tilsætning, indtil dejen er glat og skinnende.
g) Overfør dejen til en sprøjtepose udstyret med en stor rund spids. Rør 4-tommer lange strimler på den forberedte bageplade.
h) Bag i 15 minutter ved 425°F, reducer derefter temperaturen til 375°F (190°C) og bag i yderligere 20 minutter eller indtil gyldenbrun. Lad det køle helt af.

HINDBÆR FYLD:
i) Kombiner hindbær, sukker og citronsaft i en gryde.

j) Kog over medium varme, indtil hindbærene nedbrydes og blandingen tykner.
k) Fjern fra varmen og lad det køle af.

MÆLKECHOKOLADE GANACHE:
l) Kom finthakket mælkechokolade i en varmefast skål.
m) Opvarm tung fløde i en gryde, indtil den lige begynder at simre.
n) Hæld den varme fløde over chokoladen og lad den trække et minuts tid.
o) Rør indtil glat og blank. Lad det køle lidt af.

MONTAGE:
p) Skær hver afkølet eclair i halve vandret.
q) Hæld hindbærfyld i den nederste halvdel af hver eclair.
r) Læg den øverste halvdel af eclairen på fyldet.
s) Dyp toppen af hver eclair i mælkechokoladeganachen eller hæld ganachen over toppen.
t) Lad ganachen trække i et par minutter.
u) Valgfrit: Dryp ekstra ganache over toppen for et dekorativt touch.
v) Server og nyd den lækre kombination af sød mælkechokolade og syrlige hindbær i disse dejlige eclairs!

38.Red Velvet Chokolade Hindbær Eclairs

INGREDIENSER:
CHOUX DÆG:
- 1 kop vand
- 1/2 kop usaltet smør
- 1 kop universalmel
- 1 spsk kakaopulver
- 1/4 tsk salt
- 4 store æg

RØD FLØJEL CHOKOLADE KONTIGCREMME:
- 500 ml mælk
- 120 g sukker
- 50 g almindeligt mel
- 60 g kakaopulver
- 120 g æggeblommer (ca. 6 æg)
- Rød madfarve

CHOKOLADE HINDBÆR GANACHE:
- 200 ml tung creme
- 200 g mørk chokolade
- Hindbærekstrakt eller puré

INSTRUKTIONER:
CHOUX DÆG:
a) Forvarm din ovn til 200°C (180°C varmluft) og beklæd en bageplade med bagepapir.
b) I en gryde kombineres vand, smør, kakaopulver og salt. Bring i kog ved middel varme.
c) Tilsæt melet på én gang under kraftig omrøring indtil en jævn dej. Fortsæt med at koge under omrøring i yderligere 1-2 minutter.
d) Kom dejen over i en røreskål og lad den køle lidt af.
e) Tilsæt æggene et ad gangen, pisk godt efter hver tilsætning, indtil dejen er glat og blank.
f) Overfør choux-dejen til en sprøjtepose og sprøjt i éclair-forme på den forberedte bakke.
g) Bages til de er gyldenbrune og opblæste. Lad afkøle.

RØD FLØJEL CHOKOLADE KONTIGCREMME:

h) Varm mælken op i en gryde, indtil den er varm, men ikke kogende.
i) I en skål piskes sukker, mel og kakaopulver sammen.
j) Tilsæt gradvist de tørre ingredienser til den varme mælk, mens du pisk konstant for at undgå klumper.
k) Pisk æggeblommerne i en separat skål. Tilsæt gradvist en slev af den varme mælkeblanding til æggeblommerne under konstant pisk.
l) Hæld æggeblommeblandingen tilbage i gryden og fortsæt med at koge, indtil wienerbrødscremen tykner.
m) Fjern fra varmen, tilsæt rød madfarve, indtil den ønskede farve er opnået, og lad det køle af.

CHOKOLADE HINDBÆR GANACHE:
n) Varm den tunge fløde op i en gryde, indtil den lige begynder at simre.
o) Hæld den varme fløde over den mørke chokolade. Lad det sidde i et minut, og rør derefter, indtil det er glat.
p) Tilføj hindbærekstrakt eller puré til chokoladeganachen for at tilføre hindbærsmagen.

MONTAGE:
q) Skær de afkølede éclairs i halve vandret.
r) Fyld en sprøjtepose med den røde fløjlschokoladecreme og sprøjt den på den nederste halvdel af hver éclair.
s) Dyp toppen af hver éclair i chokoladehindbærganachen, og lad det overskydende dryppe af.
t) Læg de chokoladedyppede éclairs på en rist, så ganachen stivner.
u) Dryp eventuelt yderligere ganache over toppen for ekstra dekadence.

39. Banan Cream Pie Eclairs

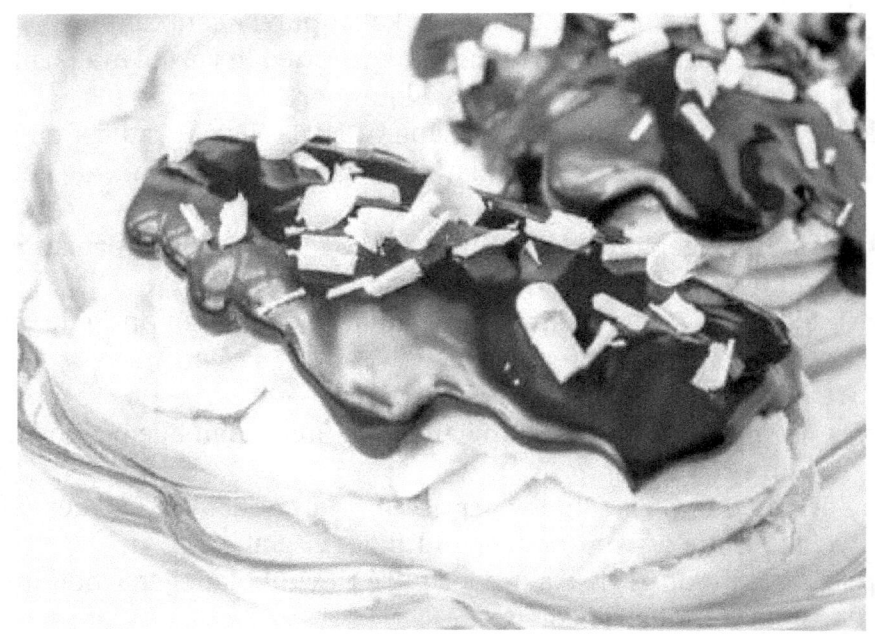

INGREDIENSER:
TIL SKALLER:
- 1/2 kop (115 g) usaltet smør
- 1 spsk sukker
- 1/4 tsk salt
- 1 kop (125 g) universalmel
- 4 store æg ved stuetemperatur

TIL FYLDNING:
- 2 kopper (480 ml) sødmælk (2% virker også)
- 1/3 kop (65 g) sukker
- 3 æggeblommer
- 3 ½ spsk majsstivelse
- 1 spsk ren vaniljeekstrakt
- 1 spsk vaniljestangpasta
- 1/4 tsk kosher salt
- 1/2 kop kraftig piskefløde
- 2 bananer

TIL CHOKOLADE GANACHE:
- 1/2 kop (120 ml) kraftig piskefløde
- 1 kop (175 g) halvsøde chokoladechips
- 1 spsk usaltet smør, blødgjort (valgfrit)

INSTRUKTIONER:
a) Forvarm ovnen til 375°F (190°C).

LAV KONTIGSKALLERNE:
b) I en gryde koges vand, smør, sukker og salt. Tilsæt mel, rør indtil der dannes en kugle af dej. Bland i 3-4 minutter, indtil der dannes en let skorpe.
c) Overfør dejen til en røreskål, afkøl til stuetemperatur. Tilsæt æg et ad gangen, pisk godt efter hver tilsætning. Dejen skal være glat og båndagtig.
d) Hæld dejen i 4-tommers strimler og bag i 30-35 minutter, indtil den er hævet og gyldenbrun. Skær eclairs i to vandret, når de er afkølet.

LAV BUDDINGEN:

e) Skold mælk i en gryde. I en skål piskes æggeblommer, sukker, majsstivelse, vaniljeekstrakt, vaniljekornpasta og salt. Tilsæt langsomt skoldet mælk for at temperere æggeblandingen.
f) Kog over medium varme, under konstant omrøring, indtil den er tyk. Kør gennem en sigte og afkøl.
g) Pisk tung fløde, indtil der dannes stive toppe. Fold i afkølet budding.

SAMLER ECLAIRS:
h) Læg bananskiver på den nederste halvdel af éclair-skallerne.
i) Sprøjt fyldet og sæt toppen af skallerne på plads.
j) Bring tung fløde i kog. Hæld chokoladestykkerne over, lad det sidde i 2 minutter, og bland derefter til det er glat. Rør smør i for glans.
k) Hæld chokoladeganache over eclairerne og server.
l) Samlede eclairs kan opbevares i køleskabet i op til 2 dage.
m) Forkæl dig selv med dekadencen af disse Banana Cream Pie Eclairs for en dejlig forkælelse!

40. Jordbærcreme Éclairs

INGREDIENSER:
TIL CHOUX PASTRY:
- 1 kop vand
- 1/2 kop usaltet smør
- 1 kop universalmel
- 4 store æg

TIL FYLDET:
- 2 kopper flødeskum
- 1 kop friske jordbær i tern

TIL GLASUREN:
- 1/2 kop hvid chokolade, hakket
- 1/4 kop usaltet smør
- 1 kop pulveriseret sukker
- 1/4 kop varmt vand

INSTRUKTIONER:
CHOUX DÆG:
a) Forvarm din ovn til 375°F (190°C) og beklæd en bageplade med bagepapir.
b) I en gryde kombineres vand og smør. Varm op over medium varme, indtil smørret smelter og blandingen koger.
c) Fjern fra varmen, tilsæt melet og rør kraftigt, indtil blandingen danner en kugle.
d) Lad dejen køle af i et par minutter, og tilsæt derefter æggene et ad gangen og pisk godt efter hver tilsætning.
e) Flyt dejen over i en sprøjtepose og hæld éclairs ud på den forberedte bageplade.
f) Bages i cirka 30 minutter eller indtil de er gyldenbrune. Lad afkøle.

FYLDNING:
g) Pisk fløden, indtil der dannes stive toppe.
h) Vend forsigtigt de hakkede jordbær i.
i) Når éclairerne er afkølet, fyldes dem med jordbærcremeblandingen.

GLASUR:
j) I en varmefast skål smeltes den hvide chokolade og smør over en dobbeltkoger.

k) Fjern fra varmen, tilsæt pulveriseret sukker, og rør gradvist i varmt vand, indtil det er glat.
l) Dyp toppen af hver éclair i den hvide chokoladeglasur, og lad det overskydende dryppe af.
m) Serveres afkølet og nyd den forfriskende Strawberry Cream Éclairs!

41. Mango passionsfrugt Éclairs

INGREDIENSER:
TIL CHOUX PASTRY:
- 1 kop vand
- 1/2 kop usaltet smør
- 1 kop universalmel
- 4 store æg

TIL FYLDET:
- 2 kopper mango passionsfrugt mousse

TIL GLASUREN:
- 1/2 kop hvid chokolade, hakket
- 1/4 kop usaltet smør
- 1 kop pulveriseret sukker
- 1/4 kop varmt vand

INSTRUKTIONER:
CHOUX DÆG:
a) Forvarm din ovn til 375°F (190°C) og beklæd en bageplade med bagepapir.
b) I en gryde kombineres vand og smør. Varm op over medium varme, indtil smørret smelter og blandingen koger.
c) Fjern fra varmen, tilsæt melet og rør kraftigt, indtil blandingen danner en kugle.
d) Lad dejen køle af i et par minutter, og tilsæt derefter æggene et ad gangen og pisk godt efter hver tilsætning.
e) Flyt dejen over i en sprøjtepose og hæld éclairs ud på den forberedte bageplade.
f) Bages i cirka 30 minutter eller indtil de er gyldenbrune. Lad afkøle.

FYLDNING:
g) Tilbered mango passionsfrugtmousse ved at blende modne mangoer, passionsfrugtpulp og flødeskum, indtil det er glat.
h) Når choux-dejen er afkølet, fyldes éclairs ved at sprøjte ind eller fordele mango passionsfrugtmoussen i midten.

GLASUR:
i) I en varmefast skål smeltes den hvide chokolade og smør over en dobbeltkoger.

j) Fjern fra varmen, tilsæt pulveriseret sukker, og rør gradvist i varmt vand, indtil det er glat.
k) Dyp toppen af hver éclair i den hvide chokoladeglasur, og lad det overskydende dryppe af.
l) Serveres afkølet og nyd den tropiske smag af Mango Passionfruit Éclairs!

42. Lemon Blueberry Éclairs

INGREDIENSER:
TIL CHOUX PASTRY:
- 1 kop vand
- 1/2 kop usaltet smør
- 1 kop universalmel
- 4 store æg

TIL FYLDET:
- 2 kopper konditorcreme med citronsmag
- 1 kop friske blåbær

TIL GLASUREN:
- 1/2 kop hvid chokolade, hakket
- 1/4 kop usaltet smør
- 1 kop pulveriseret sukker
- 1/4 kop varmt vand

INSTRUKTIONER:
CHOUX DÆG:
a) Forvarm din ovn til 375°F (190°C) og beklæd en bageplade med bagepapir.
b) I en gryde kombineres vand og smør. Varm op over medium varme, indtil smørret smelter og blandingen koger.
c) Fjern fra varmen, tilsæt melet og rør kraftigt, indtil blandingen danner en kugle.
d) Lad dejen køle af i et par minutter, og tilsæt derefter æggene et ad gangen og pisk godt efter hver tilsætning.
e) Flyt dejen over i en sprøjtepose og hæld éclairs ud på den forberedte bageplade.
f) Bages i cirka 30 minutter eller indtil de er gyldenbrune. Lad afkøle.

FYLDNING:
g) Fyld éclairerne med konditorcreme med citronsmag.
h) Drys friske blåbær over cremen.

GLASUR:
i) I en varmefast skål smeltes den hvide chokolade og smør over en dobbeltkoger.
j) Fjern fra varmen, tilsæt pulveriseret sukker, og rør gradvist i varmt vand, indtil det er glat.
k) Dyp toppen af hver éclair i den hvide chokoladeglasur, og lad det overskydende dryppe af.
l) Serveres afkølet og nyd den friske og frugtagtige godhed fra Lemon Blueberry Éclairs!

43. Hindbær Mandel Éclairs

INGREDIENSER:
TIL CHOUX PASTRY:
- 1 kop vand
- 1/2 kop usaltet smør
- 1 kop universalmel
- 4 store æg

TIL FYLDET:
- 2 kopper konditorcreme med mandelsmag
- 1 kop friske hindbær

TIL GLASUREN:
- 1/2 kop hvid chokolade, hakket
- 1/4 kop usaltet smør
- 1 kop pulveriseret sukker
- 1/4 kop varmt vand

INSTRUKTIONER:
CHOUX DÆG:
a) Forvarm din ovn til 375°F (190°C) og beklæd en bageplade med bagepapir.
b) I en gryde kombineres vand og smør. Varm op over medium varme, indtil smørret smelter og blandingen koger.
c) Fjern fra varmen, tilsæt melet og rør kraftigt, indtil blandingen danner en kugle.
d) Lad dejen køle af i et par minutter, og tilsæt derefter æggene et ad gangen og pisk godt efter hver tilsætning.
e) Flyt dejen over i en sprøjtepose og hæld éclairs ud på den forberedte bageplade.
f) Bages i cirka 30 minutter eller indtil de er gyldenbrune. Lad afkøle.

FYLDNING:
g) Fyld éclairerne med konditorcreme med mandelsmag.
h) Læg friske hindbær ovenpå cremen.

GLASUR:
i) I en varmefast skål smeltes den hvide chokolade og smør over en dobbeltkoger.
j) Fjern fra varmen, tilsæt pulveriseret sukker, og rør gradvist i varmt vand, indtil det er glat.
k) Dyp toppen af hver éclair i den hvide chokoladeglasur, og lad det overskydende dryppe af.
l) Serveres afkølet og nyd den dejlige kombination af mandel og hindbær i disse Éclairs!

44. Ananas Coconut Éclairs

INGREDIENSER:
TIL CHOUX PASTRY:
- 1 kop vand
- 1/2 kop usaltet smør
- 1 kop universalmel
- 4 store æg

TIL FYLDET:
- 2 kopper kokosfløde
- 1 kop frisk ananas, skåret i tern

TIL GLASUREN:
- 1/2 kop hvid chokolade, hakket
- 1/4 kop usaltet smør
- 1 kop pulveriseret sukker
- 1/4 kop varmt vand

INSTRUKTIONER:
CHOUX DÆG:
a) Forvarm din ovn til 375°F (190°C) og beklæd en bageplade med bagepapir.
b) I en gryde kombineres vand og smør. Varm op over medium varme, indtil smørret smelter og blandingen koger.
c) Fjern fra varmen, tilsæt melet og rør kraftigt, indtil blandingen danner en kugle.
d) Lad dejen køle af i et par minutter, og tilsæt derefter æggene et ad gangen og pisk godt efter hver tilsætning.
e) Flyt dejen over i en sprøjtepose og hæld éclairs ud på den forberedte bageplade.
f) Bages i cirka 30 minutter eller indtil de er gyldenbrune. Lad afkøle.

FYLDNING:
g) Fyld éclairerne med kokoscreme.
h) Top cremen med frisk ananas i tern.

GLASUR:
i) I en varmefast skål smeltes den hvide chokolade og smør over en dobbeltkoger.
j) Fjern fra varmen, tilsæt pulveriseret sukker, og rør gradvist i varmt vand, indtil det er glat.
k) Dyp toppen af hver éclair i den hvide chokoladeglasur, og lad det overskydende dryppe af.
l) Serveres afkølet og nyd den tropiske godhed fra Pineapple Coconut Éclairs!

45.Blandede bær og citronskal Éclairs

INGREDIENSER:
TIL CHOUX PASTRY:
- 1 kop vand
- 1/2 kop usaltet smør
- 1 kop universalmel
- 4 store æg

TIL FYLDET:
- 2 kopper blandet bærkompot (jordbær, blåbær, hindbær)
- Citronskal til pynt

TIL GLASUREN:
- 1/2 kop hvid chokolade, hakket
- 1/4 kop usaltet smør
- 1 kop pulveriseret sukker
- 1/4 kop varmt vand

INSTRUKTIONER:
CHOUX DÆG:
a) Forvarm din ovn til 375°F (190°C) og beklæd en bageplade med bagepapir.
b) I en gryde kombineres vand og smør. Varm op over medium varme, indtil smørret smelter og blandingen koger.
c) Fjern fra varmen, tilsæt melet og rør kraftigt, indtil blandingen danner en kugle.
d) Lad dejen køle af i et par minutter, og tilsæt derefter æggene et ad gangen og pisk godt efter hver tilsætning.
e) Flyt dejen over i en sprøjtepose og hæld éclairs ud på den forberedte bageplade.
f) Bages i cirka 30 minutter eller indtil de er gyldenbrune. Lad afkøle.

FYLDNING:
g) Fyld éclairs med en blandet bærkompot, og kombiner jordbær, blåbær og hindbær.
h) Pynt med citronskal for et pift twist.

GLASUR:
i) I en varmefast skål smeltes den hvide chokolade og smør over en dobbeltkoger.

j) Fjern fra varmen, tilsæt pulveriseret sukker, og rør gradvist i varmt vand, indtil det er glat.
k) Dyp toppen af hver éclair i den hvide chokoladeglasur, og lad det overskydende dryppe af.
l) Serveres afkølet, og nyd et udbrud af bærsmag i disse Mixed Berry and Citron Zest Éclairs!

46. Peach Ginger Éclairs

INGREDIENSER:
TIL CHOUX PASTRY:
- 1 kop vand
- 1/2 kop usaltet smør
- 1 kop universalmel
- 4 store æg

TIL FYLDET:
- 2 kopper konditorcreme med fersken smag
- 1 kop friske ferskner i tern
- 1 tsk frisk ingefær, revet

TIL GLASUREN:
- 1/2 kop hvid chokolade, hakket
- 1/4 kop usaltet smør
- 1 kop pulveriseret sukker
- 1/4 kop varmt vand

INSTRUKTIONER:
CHOUX DÆG:
a) Forvarm din ovn til 375°F (190°C) og beklæd en bageplade med bagepapir.
b) I en gryde kombineres vand og smør. Varm op over medium varme, indtil smørret smelter og blandingen koger.
c) Fjern fra varmen, tilsæt melet og rør kraftigt, indtil blandingen danner en kugle.
d) Lad dejen køle af i et par minutter, og tilsæt derefter æggene et ad gangen og pisk godt efter hver tilsætning.
e) Flyt dejen over i en sprøjtepose og hæld éclairs ud på den forberedte bageplade.
f) Bages i cirka 30 minutter eller indtil de er gyldenbrune. Lad afkøle.

FYLDNING:
g) Fyld éclairerne med konditorcreme med ferskensmag.
h) Bland friske ferskner i tern og revet ingefær og læg dem ovenpå cremen.

GLASUR:
i) I en varmefast skål smeltes den hvide chokolade og smør over en dobbeltkoger.

j) Fjern fra varmen, tilsæt pulveriseret sukker, og rør gradvist i varmt vand, indtil det er glat.
k) Dyp toppen af hver éclair i den hvide chokoladeglasur, og lad det overskydende dryppe af.
l) Serveres afkølet og nyd den unikke kombination af fersken og ingefær i disse Éclairs!

47. Blackberry Lemon Éclairs

INGREDIENSER:
TIL CHOUX PASTRY:
- 1 kop vand
- 1/2 kop usaltet smør
- 1 kop universalmel
- 4 store æg

TIL FYLDET:
- 2 kopper konditorcreme med citronsmag
- 1 kop friske brombær

TIL GLASUREN:
- 1/2 kop hvid chokolade, hakket
- 1/4 kop usaltet smør
- 1 kop pulveriseret sukker
- 1/4 kop varmt vand

INSTRUKTIONER:
CHOUX DÆG:
a) Forvarm din ovn til 375°F (190°C) og beklæd en bageplade med bagepapir.
b) I en gryde kombineres vand og smør. Varm op over medium varme, indtil smørret smelter og blandingen koger.
c) Fjern fra varmen, tilsæt melet og rør kraftigt, indtil blandingen danner en kugle.
d) Lad dejen køle af i et par minutter, og tilsæt derefter æggene et ad gangen og pisk godt efter hver tilsætning.
e) Flyt dejen over i en sprøjtepose og hæld éclairs ud på den forberedte bageplade.
f) Bages i cirka 30 minutter eller indtil de er gyldenbrune. Lad afkøle.

FYLDNING:
g) Fyld éclairerne med konditorcreme med citronsmag.
h) Top cremen med friske brombær.

GLASUR:
i) I en varmefast skål smeltes den hvide chokolade og smør over en dobbeltkoger.
j) Fjern fra varmen, tilsæt pulveriseret sukker, og rør gradvist i varmt vand, indtil det er glat.

k) Dyp toppen af hver éclair i den hvide chokoladeglasur, og lad det overskydende dryppe af.
l) Serveres afkølet og nyd den forfriskende smag af Blackberry Lemon Éclairs!

48. Kiwi Coconut Éclairs

INGREDIENSER:
TIL CHOUX PASTRY:
- 1 kop vand
- 1/2 kop usaltet smør
- 1 kop universalmel
- 4 store æg

TIL FYLDET:
- 2 kopper kokosfløde
- 1 kop frisk kiwi, skåret i skiver

TIL GLASUREN:
- 1/2 kop hvid chokolade, hakket
- 1/4 kop usaltet smør
- 1 kop pulveriseret sukker
- 1/4 kop varmt vand

INSTRUKTIONER:
CHOUX DÆG:
a) Forvarm din ovn til 375°F (190°C) og beklæd en bageplade med bagepapir.
b) I en gryde kombineres vand og smør. Varm op over medium varme, indtil smørret smelter og blandingen koger.
c) Fjern fra varmen, tilsæt melet og rør kraftigt, indtil blandingen danner en kugle.
d) Lad dejen køle af i et par minutter, og tilsæt derefter æggene et ad gangen og pisk godt efter hver tilsætning.
e) Flyt dejen over i en sprøjtepose og hæld éclairs ud på den forberedte bageplade.
f) Bages i cirka 30 minutter eller indtil de er gyldenbrune. Lad afkøle.

FYLDNING:
g) Fyld éclairerne med kokoscreme.
h) Anret skiver af frisk kiwi ovenpå cremen.

GLASUR:
i) I en varmefast skål smeltes den hvide chokolade og smør over en dobbeltkoger.
j) Fjern fra varmen, tilsæt pulveriseret sukker, og rør gradvist i varmt vand, indtil det er glat.
k) Dyp toppen af hver éclair i den hvide chokoladeglasur, og lad det overskydende dryppe af.
l) Serveres afkølet og nyd den tropiske smag af Kiwi Coconut Éclairs!

NØDDEDE ECLAIRS

49.Chokolade Mandel Makron Eclairs

INGREDIENSER:
ECLAIR DEJ:
- 3 store æg, ved stuetemperatur
- 1/2 kop vand
- 4 1/2 spsk usaltet smør, skåret i 1/2-tommers terninger
- 1 1/2 spsk granuleret sukker
- 3/4 kop sigtet universalmel
- 3 spiseskefulde sigtet usødet alkaliseret kakaopulver

MANDEL-MAKARONFYLD:
- 2 kopper kokos i flager
- 1/2 kop sødet kondenseret mælk
- 1/2 kop ristede hakkede mandler

CHOKOLADE GLASUR:
- 10 ounce halvsød chokolade, finthakket
- 8 ounces tung fløde
- 1 spsk lys majssirup

INSTRUKTIONER:
GØR ECLAIREN:

a) Forvarm ovnen til 425 grader F. Beklæd to bageplader med bagepapir.
b) I et glasmålebæger røres æggene, indtil de er blandet. Reserver 2 spiseskefulde sammenpisket æg i en lille kop.
c) Bland vand, smør og sukker i en gryde. Varm op til smørret smelter. Bring i kog, og tag derefter af varmen.
d) Pisk mel og kakao i, til det er glat. Vend tilbage til varmen under konstant omrøring, indtil der dannes en glat kugle.
e) Overfør pastaen til en skål. Hæld den reserverede 1/2 kop pisket æg over pastaen og pisk indtil en glat, blød dej dannes.
f) Fyld en wienerbrødspose med en 5/16-tommer almindelig spids med eclair-dejen. Sprøjt strimler på de forberedte bageplader.
g) Pensl toppen af eclairerne med det resterende sammenpiskede æg.
h) Bages i 10 minutter, reducer derefter temperaturen til 375 grader F og fortsæt med at bage i 20 til 25 minutter, indtil de er sprøde og skinnende. Afkøl helt.

LAV MANDEL-MAKARONFYLDET:
i) I en skål kombineres kokosnød, sødet kondenseret mælk og mandler.
j) Rør indtil godt blandet.

LAV CHOKOLADE GLASUREN:
k) Læg chokoladen i en mellemstor skål.
l) Varm fløde og majssirup op i en gryde, indtil det koger let. Hæld chokoladen over og lad den stå i 30 sekunder.
m) Pisk indtil glat.

SAMLER OG GLASER ECLAIRS:
n) Skær eclairs i halve og fjern eventuel fugtig dej.
o) Fyld hver eclair med cirka 3 spsk af mandel-makronfyldet.
p) Udskift toppen af hver eclair.
q) Dyp tre hele mandler i chokoladeglasuren og læg dem langs toppen af hver eclair.
r) Lad det stå i 2 minutter, og hæld derefter forsigtigt glasuren over eclairs, der dækker toppen og siderne.
s) Chill indtil klar til servering.
t) Nyd disse dejlige Chokolade Mandel Makron Eclairs!

50. Pistacie Lemon Éclairs

INGREDIENSER:
FOR KANDISEREDE CITRONER (VALGFRI):
- 10 sunquats (mini citroner)
- 2 kopper vand
- 2 kopper sukker

TIL PISTACIEPASTA:
- 60 g pistacienødder uden skal (ikke ristede)
- 10 g vindruekerneolie

TIL PISTACIE-CITRON MOUSSELINECREME:
- 500 g mælk
- Skal af 2 citroner
- 120 g blomme
- 120 g sukker
- 40 g majsstivelse
- 30 g pistaciepasta (eller 45 g hvis købt)
- 120 g blødgjort smør (skåret i tern)

TIL PISTACIE MARZIPAN:
- 200 g marcipan
- 15 g pistaciepasta
- Grøn madfarve (gel)
- En smule pulveriseret sukker

TIL CHOUX DEJ:
- 125 g smør
- 125 g mælk
- 125 g vand
- 5 g sukker
- 5 g salt
- 140 g mel
- 220 g æg

TIL GLASUR:
- 200 g nappage neutre (neutral geléglasur)
- 100 g vand
- Grøn madfarve (gel)

TIL DEKORATION:
- Malede pistacienødder

INSTRUKTIONER:
KANDISEREDE CITRONER (VALGFRI):
a) Forbered et isbad (en gryde med vand og is) og stil det til side.
b) Brug en skarp kniv til at skære tynde skiver citron. Kassér frøene.
c) I en anden gryde bringes vandet i kog. Fjern fra varmen og tilsæt straks citronskiverne til det varme vand. Bland indtil skiverne er bløde (ca. et minut).
d) Hæld det varme vand ud gennem en sigte, og læg derefter citronskiverne i isbadet et sekund. Hæld iskoldt vand ud ved hjælp af sigten.
e) Bland vand og sukker i en stor gryde ved høj varme. Bland indtil sukkeret smelter, og bring det derefter i kog.
f) Reducer varmen til medium, og brug en tang til at lægge citronskiverne i vandet, så de flyder. Kog ved svag varme, indtil sværen bliver gennemsigtig, cirka 1½ time.
g) Fjern citronerne med en tang og læg dem på en rist. Læg et stykke bagepapir under køleristen for at fange eventuel sirup, der drypper fra citronskiverne.

PISTACIEPASTA:
h) Forvarm ovnen til 160°C (320°F).
i) Rist pistacienødderne på en bageplade i cirka 7 minutter, indtil de bruner let. Lad dem køle af.
j) Kværn de afkølede pistacienødder til pulver i en lille foodprocessor. Tilsæt olien og kværn igen, indtil det bliver en pasta. Opbevar den i køleskabet indtil brug.
k) Pistacie-citron mousselinecreme:
l) Bring mælken i kog. Sluk for varmen, tilsæt citronskal, læg låg på og lad det sidde i 10 minutter.
m) I en skål kombineres æggeblommer og sukker. Pisk straks, tilsæt derefter majsstivelse og pisk igen.
n) Tilsæt den varme mælk under piskning. Hæld blandingen gennem en sigte i en ren gryde, og kassér den citronskal, der er tilbage i sigten.
o) Varm op ved middel varme og pisk indtil blandingen tykner og bliver cremet. Fjern fra varmen.

p) Overfør cremen til skålen med pistaciepastaen. Pisk indtil ensartet. Dæk til med plastfolie for at forhindre, at der dannes skorpe, og stil dem på køl.
q) Når cremen når 40°C (104°F), tilsæt gradvist det blødgjorte smør og bland godt. Dæk med plastfolie og stil på køl.

CHOUX DÆG:
r) Sigt mel og stil det til side.
s) Tilsæt smør, mælk, vand, sukker og salt i en gryde. Varm på medium-høj indtil smørret smelter og blandingen koger.
t) Fjern fra varmen, tilsæt straks mel på én gang og bland godt, indtil der er dannet en ensartet blanding, der ligner kartoffelmos. Dette er panadeblandingen.
u) Tør panden i cirka et minut ved lav varme under omrøring med en spatel, indtil den begynder at trække sig tilbage fra siderne af gryden og stivner.
v) Overfør panaden til en røreskål og afkøl den lidt. Pisk æggene i en separat skål og tilsæt dem gradvist til røremaskinen, mens du venter på, at hver tilsætning er blandet, før du tilføjer flere.
w) Bland ved lav-medium hastighed, indtil dejen er glat, skinnende og stabil.
x) Forvarm ovnen til 250°C (480°F). Dæk en bageplade med bagepapir eller et tyndt lag smør.
y) Hæld 12 cm lange strimler af dej ud på bakken. Åbn ikke ovndøren under bagningen.
z) Efter 15 minutter åbnes ovndøren lidt (ca. 1 cm) for at slippe damp ud. Luk den og indstil temperaturen til 170°C (340°F). Bages i 20-25 minutter, indtil éclairs er brune.
æ) Gentag med den resterende dej.

PISTACIE MARZIPAN:
ø) Skær marcipanen i tern og bland med en flad piskeris, indtil den er blød og ensartet. Tilsæt pistaciepasta og grøn madfarve (hvis det ønskes), og bland indtil ensartet.
å) Rul marcipanen ud til en tykkelse på 2 mm og klip strimler, så de passer til éclairs.

MONTAGE:
aa) Skær to små huller i bunden af hver éclair.
bb) Fyld hver éclair med pistacie-citroncremen gennem hullerne.

cc) Pensl lidt glasur på den ene side af hver marcipanstrimmel og sæt den på éclairerne.
dd) Dyp hver éclair i glasuren, så den overskydende glasur kan dryppe af.
ee) Pynt med kandiserede citronskiver eller hakkede pistacienødder.
ff) Stil på køl indtil servering.

51.Maple glaserede Eclairs toppet med nødder

INGREDIENSER:
ECLAIR SKALLER:
- 1/2 kop mælk
- 1/2 kop vand
- 2 spsk hvidt perlesukker
- 1/4 tsk salt (reducer til en knivspids, hvis du bruger saltet smør)
- 1/2 kop usaltet smør
- 1/2 tsk vaniljeekstrakt
- 1 1/4 kopper universalmel, skænket og jævnet
- 4 store æg

GLASUR:
- 2/3 kop flormelis/konditorsukker
- 3 spsk ahornsirup

TOPPING:
- 1/2 kop hakkede valnødder eller pekannødder
- Drys fleur de sel salt

MASCARPONE Flødeskum:
- 1 kop mascarpone
- 2/3 kop kraftig piskefløde
- 1/4 kop hvidt sukker
- 2 spsk ahornsirup

INSTRUKTIONER:
TIL ECLAIR SKALLENE:
a) Forvarm ovnen til 450 ° F med stativer i den øverste og nederste tredjedel. Beklæd to bageplader med bagepapir.
b) Kombiner mælk, vand, sukker, salt og smør i en medium gryde over medium varme. Bring blandingen i kog, pisk vanilje i og tilsæt mel på én gang. Rør indtil blandingen kommer væk fra siden af gryden.
c) Reducer varmen til lav og fortsæt med at lave mad under konstant omrøring i ca. 3 minutter for at fjerne fugt. Fjern fra varmen og overfør til en røreskål eller skålen med en standmixer.

d) Rør i 2-3 minutter for at afkøle blandingen. Tilsæt æg et ad gangen, pisk godt efter hver tilsætning. Overfør blandingen til en sprøjtepose og lad den hvile i 20 minutter.
e) Rør dejen ind i bjælker, der er cirka 5-6 tommer lange og 1 tomme brede, og efterlad lige stor mellemrum mellem dem. Sørg for, at de ikke er for tynde, da de skal have en tykkelse til senere udskæring.
f) Sæt i den forvarmede ovn og REDUCER STRAKS VARMEN TIL 350°F. Bages i 35-40 minutter, indtil de er gyldne, hævede og sprøde. Afkøl på en rist.

TIL GLASUREN:
g) Før glasering skæres eclairs næsten igennem, så der efterlades et "hængsel" på den ene side. I en lille skål kombineres flormelis med ahornsirup, indtil der dannes en tynd glasur.
h) Pensl glasuren oven på eclairen og drys straks med hakkede valnødder og en knivspids salt, hvis det ønskes. Lad stå ved stuetemperatur, indtil glasuren stivner.

TIL FYLDET:
i) Kombiner mascarpone, piskefløde, sukker og ahornsirup i en stor skål eller skålen i en røremaskine udstyret med piskeriset.
j) Pisk indtil blandingen tykner til rørkonsistens. Læg i en sprøjtepose og fyld hver eclair. (Fyldet kan laves på forhånd, dækkes, nedkøles og røres tættere på servering.)
k) Fyldte eclairs holder sig godt afdækket i køleskabet det meste af dagen.

52.Hindbær pistacie Eclair

INGREDIENSER:
TIL PATE-A-CHOUX DEJEN:
- 1 kop vand
- 1/2 kop usaltet smør
- 1/4 tsk salt
- 1 kop universalmel
- 4 store æg

TIL FYLDET:
- 1 kop afskallede pistacienødder
- 1/2 kop Irish cream (Bailey's)
- Grøn madfarve
- 8 oz flødeost, blødgjort
- 1/2 kop hvide chokoladechips, smeltet
- 1 kop tung fløde, afkølet

TIL GLASUREN:
- 1/2 kop frysetørrede hindbær
- 1 kop hvide chokoladechips
- 1/2 kop tung fløde
- 2 kopper friske hindbær

INSTRUKTIONER:
a) Forvarm ovnen til 425F og beklæd en bageplade med bagepapir.
b) Forbered en kagepose med en stjernespids.

LAV PATE-A-CHOUX DEJ:
c) I en gryde koger du vand, smør og salt.
d) Tilsæt mel, rør indtil en blød dej dannes. Afkøl, og tilsæt derefter æg et ad gangen.
e) Hæld stokkene ud på bagepladen og bag dem til de er gyldne.

FORBERED HINDBÆR GLASUR:
f) Knus frysetørrede hindbær og sigt pulveret.
g) Bland hvid chokolade og fløde, varm op til en jævn masse.
h) Tilsæt hindbærpulver, rør rundt og lad glasuren køle af.

FORBERED PISTACIECREMEFYLD :
i) Blend pistacienødder, Irish cream og grøn madfarve indtil pureret.

j) Pisk flødeost i en skål, indtil den er luftig, og tilsæt derefter smeltet hvid chokolade og pistaciepuré.
k) Tilsæt afkølet fløde og pisk til det er stivt.

SAMLER ECLAIRS:
l) Del afkølede eclairs i to. Sprøjt pistaciecreme på den nederste halvdel, tilsæt hindbær og dæk med den øverste halvdel.
m) Dyp den øverste halvdel af hver eclair i hindbærglasuren.
n) Pynt med frysetørrede hindbærstykker, en hvid chokoladedryp, cremerester, friske hindbær eller pistaciestykker.
o) Opbevar eclairs på køl og fjern 20 minutter før servering.
p) Nyd den dejlige kombination af hindbær og pistacie i disse elegante eclairs, perfekt til enhver lejlighed!

53. Chokolade og hasselnød Eclairs

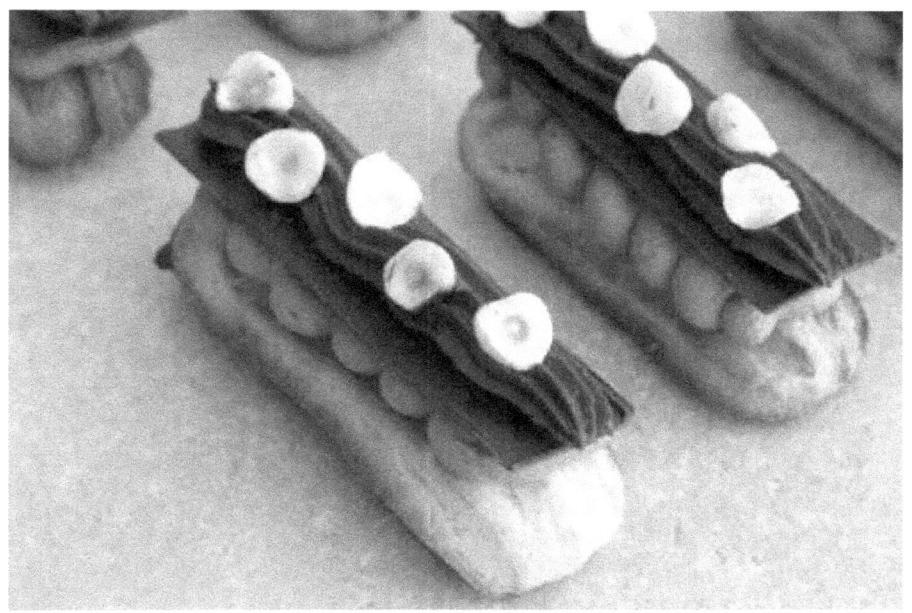

INGREDIENSER:
TIL CHOUX PASTRY:
- 1 kop vand
- 1/2 kop usaltet smør
- 1 kop universalmel
- 1/2 tsk salt
- 1 spsk sukker
- 4 store æg

TIL HASSELNØDECREMEFYLDET :
- 1 kop tung fløde
- 1/4 kop pulveriseret sukker
- 1 tsk vaniljeekstrakt
- 1/2 kop hasselnøddespredning (f.eks. Nutella)

TIL CHOKOLADE GANACHE:
- 1 kop halvsød chokoladechips
- 1/2 kop tung fløde
- 2 spsk usaltet smør

INSTRUKTIONER:
CHOUX DÆG:
a) Forvarm din ovn til 425°F (220°C). Beklæd en bageplade med bagepapir.
b) Bland vand, smør, salt og sukker i en gryde over medium varme. Bring i kog.
c) Fjern fra varmen og rør hurtigt melet i, indtil der dannes en dej.
d) Sæt gryden tilbage på lav varme og kog dejen under konstant omrøring i 1-2 minutter for at tørre den ud.
e) Overfør dejen til en stor røreskål. Lad det køle af i et par minutter.
f) Tilsæt æg et ad gangen, pisk godt efter hver tilsætning, indtil dejen er glat og skinnende.
g) Overfør dejen til en sprøjtepose udstyret med en stor rund spids. Rør 4-tommer lange strimler på den forberedte bageplade.
h) Bag i 15 minutter ved 425°F, reducer derefter temperaturen til 375°F (190°C) og bag i yderligere 20 minutter eller indtil gyldenbrun. Lad det køle helt af.

HASSELNØDECREMEFYLDNING :
i) I en røreskål piskes den tunge fløde, indtil der dannes bløde toppe.
j) Tilsæt pulveriseret sukker og vaniljeekstrakt. Fortsæt med at piske, indtil der dannes stive toppe.
k) Vend forsigtigt hasselnøddespredningen i, indtil den er godt blandet.

CHOKOLADE GANACHE:
l) Læg chokoladechips i en varmefast skål.
m) Opvarm tung fløde i en gryde, indtil den lige begynder at simre.
n) Hæld den varme fløde over chokoladen og lad den trække et minuts tid.
o) Rør til det er glat, tilsæt derefter smør og rør indtil det er smeltet.

MONTAGE:
p) Skær hver afkølet eclair i halve vandret.
q) Hæld eller sprøjt hasselnøddecremefyldet på den nederste halvdel af hver eclair.
r) Læg den øverste halvdel af eclairen på fyldet.
s) Dyp toppen af hver eclair i chokoladeganachen eller hæld ganachen over toppen.
t) Lad ganachen trække i et par minutter.
u) Drys eventuelt hakkede hasselnødder ovenpå til pynt.
v) Server og nyd den udsøgte kombination af chokolade og hasselnød i hver lækker bid af disse chokolade og hasselnød Éclairs!

54. Peanut Butter Chokolade Eclairs

INGREDIENSER:
TIL ECLAIRS:
- 160 ml. vand
- 5 gram sukker
- 70 gram smør
- 3 gram fint salt
- 15 gram majsstivelse
- 90 gram universalmel
- 2-3 æg pisket

TIL PEANUTBUTTER CREME:
- 250 ml. flødeskum
- 100 gram glat jordnøddesmør
- 50 gram sukkerpulver

TIL CHOKOLADE GANACHE (BÅDE TIL DIPPING OG TOPPING):
- 250 gram mørk chokolade
- 250 ml. flødeskum
- Knivspids salt

DEKORATION:
- 50-60 gram saltede halverede peanuts ristede

INSTRUKTIONER:
GØR ECLAIREN:
a) Forvarm ovnen til 180 grader.
b) Kom vand, salt, sukker og smør i en mellemstor gryde og varm op til et kraftigt opkog.
c) Tilsæt majsstivelse og mel og rør under kogningen, indtil det bliver til en klump dej.
d) Overfør dejen til skålen med en el-mixer med en pagajtilbehør og rør ved medium hastighed i 2-3 minutter, indtil den køler lidt ned.
e) Tilsæt æggene gradvist, mens du pisker, indtil dejen er elastisk og glat.
f) Tjek dejens klarhed ved at lave et "spor" med en træske i midten af dejen - hvis sporet forbliver stabilt, tilsæt nogle æg, og hvis det lukker lidt - er dejen klar. Det er vigtigt ikke at tilsætte for mange æg til dejen, ellers kan den blive for blød og ødelagt.

g) Overfør dejen til en kagepose med en takket 2 cm spids. På en bageplade beklædt med bagepapirsrør 8-10 cm lange eclairs. Det er vigtigt at efterlade lidt mellemrum mellem eclairs.
h) Bag eclairerne i 20-25 minutter, indtil de er gyldne og stivnede.
i) Afkøl helt ved stuetemperatur.
j) Lav 2 små huller i bunden af hver eclair.

PEANUT SMØR CREME:

k) Pisk fløde, jordnøddesmør og flormelis i en skål med en røremaskine med pisketilbehør ved høj hastighed, indtil det er cremet og meget stabilt.
l) Fyld eclairerne med peanutbuttercremen, og opbevar dem fyldte i køleskabet indtil overtræk og dekoration.

CHOKOLADE GANACHE:

m) Hak chokoladen og kom i en skål.
n) Varm fløde og salt op i en lille gryde for at simre.
o) Hæld den varme fløde over den hakkede chokolade, vent et øjeblik, og pisk godt, indtil der er dannet ensartet og skinnende chokoladeganache.
p) Dyp toppen af eclairerne i den varme ganache og sæt dem tilbage til afkøling i køleskabet for at sætte sig.
q) Kom den resterende ganache over i en bred boks og stil den på køl i 2-3 timer, indtil den er helt kold.
r) Kom den kolde ganache over i en skål med en røremaskine med pisketilbehør og pisk ved høj hastighed, indtil du er stabil og luftig.
s) Kom cremen over i en kagepose udstyret med 2 cm takket sprøjtespids og dryp chokoladecreme ovenpå hver éclair.
t) Pynt med ristede saltede peanuts og server.

55. Mandel Praline Éclairs

INGREDIENSER:
TIL CHOUX PASTRY:
- 1 kop vand
- 1/2 kop usaltet smør
- 1 kop universalmel
- 4 store æg

TIL FYLDET:
- 2 kopper konditorcreme med mandelsmag
- Mandelpraline til pynt (hakkede mandler karamelliseret i sukker)

TIL GLASUREN:
- 1/2 kop mørk chokolade, hakket
- 1/4 kop usaltet smør
- 1 kop pulveriseret sukker
- 1/4 kop varmt vand

INSTRUKTIONER:
CHOUX DÆG:
a) Forvarm din ovn til 375°F (190°C) og beklæd en bageplade med bagepapir.
b) I en gryde kombineres vand og smør. Varm op over medium varme, indtil smørret smelter og blandingen koger.
c) Fjern fra varmen, tilsæt melet og rør kraftigt, indtil blandingen danner en kugle.
d) Lad dejen køle af i et par minutter, og tilsæt derefter æggene et ad gangen og pisk godt efter hver tilsætning.
e) Flyt dejen over i en sprøjtepose og hæld éclairs ud på den forberedte bageplade.
f) Bages i cirka 30 minutter eller indtil de er gyldenbrune. Lad afkøle.

FYLDNING:
g) Fyld éclairerne med konditorcreme med mandelsmag. Du kan bruge en sprøjtepose eller en lille ske til at fylde hver éclair.
h) Pynt de fyldte éclairs med mandelpraline. For at lave pralinen skal du varme hakkede mandler i en gryde, indtil de er let ristede. Drys sukker over mandlerne og fortsæt med at varme

indtil sukkeret karamelliserer. Lad det køle af og hak det i små stykker.
GLASUR:
i) I en varmefast skål smeltes den mørke chokolade og smør over en dobbeltkoger.
j) Fjern fra varmen, tilsæt pulveriseret sukker, og rør gradvist i varmt vand, indtil det er glat.
k) Dyp toppen af hver éclair i den mørke chokoladeglasur, og sørg for jævn dækning. Lad overskydende dryppe af.
l) Læg de glaserede éclairs på en bakke og lad dem køle af, indtil chokoladen er stivnet.
m) Server afkølet og nyd den nøddeagtige sødme fra Almond Praline Éclairs!

56.Valnød Maple Éclairs

INGREDIENSER:
TIL CHOUX PASTRY:
- 1 kop vand
- 1/2 kop usaltet smør
- 1 kop universalmel
- 4 store æg

TIL FYLDET:
- 2 kopper konditorcreme med valnøddesmag
- Ahornsirup til drypning

TIL GLASUREN:
- 1/2 kop hvid chokolade, hakket
- 1/4 kop usaltet smør
- 1 kop pulveriseret sukker
- 1/4 kop varmt vand

INSTRUKTIONER:
CHOUX DÆG:
a) Forvarm din ovn til 375°F (190°C) og beklæd en bageplade med bagepapir.
b) I en gryde kombineres vand og smør. Varm op over medium varme, indtil smørret smelter og blandingen koger.
c) Fjern fra varmen, tilsæt melet og rør kraftigt, indtil blandingen danner en kugle.
d) Lad dejen køle af i et par minutter, og tilsæt derefter æggene et ad gangen og pisk godt efter hver tilsætning.
e) Flyt dejen over i en sprøjtepose og hæld éclairs ud på den forberedte bageplade.
f) Bages i cirka 30 minutter eller indtil de er gyldenbrune. Lad afkøle.

FYLDNING:
g) Fyld éclairerne med wienerbrødscreme med valnøddesmag. Brug en sprøjtepose eller en lille ske til at fylde hver éclair.
h) Dryp ahornsirup over de fyldte éclairs. Du kan justere mængden af ahornsirup efter din smag.

GLASUR:
i) I en varmefast skål smeltes den hvide chokolade og smør over en dobbeltkoger.

j) Fjern fra varmen, tilsæt pulveriseret sukker, og rør gradvist i varmt vand, indtil det er glat.
k) Dyp toppen af hver éclair i den hvide chokoladeglasur, og sørg for jævn dækning. Lad overskydende dryppe af.
l) Læg de glaserede éclairs på en bakke og lad dem køle af, indtil chokoladen er stivnet.
m) Serveres afkølet og nyd den dejlige kombination af valnødder og ahorn i Walnut Maple Éclairs!

57. Pistacie Rose Éclairs

INGREDIENSER:
TIL CHOUX PASTRY:
- 1 kop vand
- 1/2 kop usaltet smør
- 1 kop universalmel
- 4 store æg

TIL FYLDET:
- 2 kopper wienerbrødscreme med pistacie
- Spiselige rosenblade til pynt

TIL GLASUREN:
- 1/2 kop mørk chokolade, hakket
- 1/4 kop usaltet smør
- 1 kop pulveriseret sukker
- 1/4 kop varmt vand

INSTRUKTIONER:
CHOUX DÆG:
a) Forvarm din ovn til 375°F (190°C) og beklæd en bageplade med bagepapir.
b) I en gryde kombineres vand og smør. Varm op over medium varme, indtil smørret smelter og blandingen koger.
c) Fjern fra varmen, tilsæt melet og rør kraftigt, indtil blandingen danner en kugle.
d) Lad dejen køle af i et par minutter, og tilsæt derefter æggene et ad gangen og pisk godt efter hver tilsætning.
e) Flyt dejen over i en sprøjtepose og hæld éclairs ud på den forberedte bageplade.
f) Bages i cirka 30 minutter eller indtil de er gyldenbrune. Lad afkøle.

FYLDNING:
g) Fyld éclairerne med wienerbrødscreme med pistacie. Du kan bruge en sprøjtepose eller en lille ske til at fylde hver éclair.
h) Pynt de fyldte éclairs med spiselige rosenblade.

GLASUR:
i) I en varmefast skål smeltes den mørke chokolade og smør over en dobbeltkoger.

j) Fjern fra varmen, tilsæt pulveriseret sukker, og rør gradvist i varmt vand, indtil det er glat.
k) Dyp toppen af hver éclair i den mørke chokoladeglasur, og sørg for jævn dækning. Lad overskydende dryppe af.
l) Læg de glaserede éclairs på en bakke og lad dem køle af, indtil chokoladen er stivnet.
m) Serveres afkølet og nyd den eksotiske smag af Pistachio Rose Éclairs!

58. Pecan Caramel Éclairs

INGREDIENSER:
TIL CHOUX PASTRY:
- 1 kop vand
- 1/2 kop usaltet smør
- 1 kop universalmel
- 4 store æg

TIL FYLDET:
- 2 kopper karamelsmagscreme
- Hakkede pekannødder til pynt

TIL KARAMELGLASUREN:
- 1 kop granuleret sukker
- 1/4 kop vand
- 1/2 kop tung fløde
- 1/4 kop usaltet smør

INSTRUKTIONER:
CHOUX DÆG:
a) Forvarm din ovn til 375°F (190°C) og beklæd en bageplade med bagepapir.
b) I en gryde kombineres vand og smør. Varm op over medium varme, indtil smørret smelter og blandingen koger.
c) Fjern fra varmen, tilsæt melet og rør kraftigt, indtil blandingen danner en kugle.
d) Lad dejen køle af i et par minutter, og tilsæt derefter æggene et ad gangen og pisk godt efter hver tilsætning.
e) Flyt dejen over i en sprøjtepose og hæld éclairs ud på den forberedte bageplade.
f) Bages i cirka 30 minutter eller indtil de er gyldenbrune. Lad afkøle.

FYLDNING:
g) Fyld éclairerne med karamelsmagscreme. Du kan bruge en sprøjtepose eller en lille ske til at fylde hver éclair.
h) Pynt de fyldte éclairs med hakkede pekannødder.

KARAMEL GLASUR:
i) I en tykbundet gryde kombineres sukker og vand ved middel varme. Rør indtil sukkeret er opløst.

j) Lad blandingen koge op uden at røre. Fortsæt med at koge, indtil karamellen får en dyb ravfarvet farve.
k) Tilsæt forsigtigt og langsomt den tunge fløde under konstant omrøring. Vær forsigtig, da blandingen vil boble.
l) Tag gryden af varmen og rør det usaltede smør i, indtil det er glat.
m) Lad karamelglasuren afkøle i et par minutter, og dyp derefter toppen af hver éclair i karamelglasuren, så du sikrer en jævn dækning. Lad overskydende dryppe af.
n) Læg de glaserede éclairs på en bakke og lad dem køle af, indtil karamellen er stivnet.
o) Serveres afkølet og nyd den søde og nøddeagtige glæde ved Pecan Caramel Éclairs!
p) Tilføj gerne flere hakkede pekannødder på toppen for ekstra tekstur. Nyd dine hjemmelavede Pecan Caramel Éclairs!

59.Macadamia hvid chokolade Éclairs

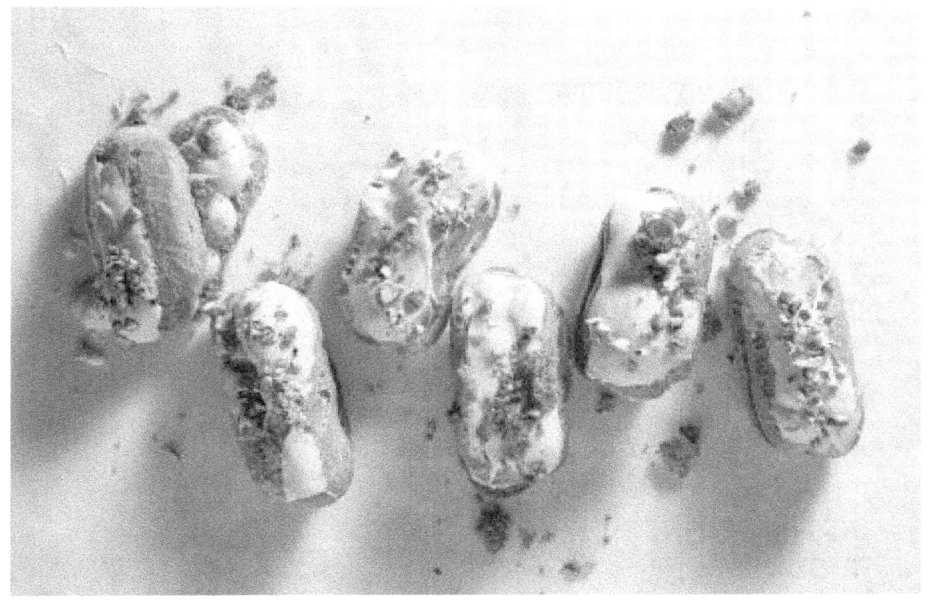

INGREDIENSER:
TIL CHOUX PASTRY:
- 1 kop vand
- 1/2 kop usaltet smør
- 1 kop universalmel
- 4 store æg

TIL FYLDET:
- 2 kopper hvid chokolade og konditorcreme med macadamianøddesmag
- Knuste macadamianødder til pynt

TIL DEN HVID CHOKOLADE GLASUR:
- 1/2 kop hvid chokolade, hakket
- 1/4 kop usaltet smør
- 1 kop pulveriseret sukker
- 1/4 kop varmt vand

INSTRUKTIONER:
CHOUX DÆG:
a) Forvarm din ovn til 375°F (190°C) og beklæd en bageplade med bagepapir.
b) I en gryde kombineres vand og smør. Varm op over medium varme, indtil smørret smelter og blandingen koger.
c) Fjern fra varmen, tilsæt melet og rør kraftigt, indtil blandingen danner en kugle.
d) Lad dejen køle af i et par minutter, og tilsæt derefter æggene et ad gangen og pisk godt efter hver tilsætning.
e) Flyt dejen over i en sprøjtepose og hæld éclairs ud på den forberedte bageplade.
f) Bages i cirka 30 minutter eller indtil de er gyldenbrune. Lad afkøle.

FYLDNING:
g) Fyld éclairs med hvid chokolade og konditorcreme med macadamianøddesmag. Brug en sprøjtepose eller en lille ske til at fylde hver éclair.
h) Pynt de fyldte éclairs med knuste macadamianødder.

HVID CHOKOLADE GLASUR:

i) I en varmefast skål smeltes den hvide chokolade og smør over en dobbeltkoger.
j) Fjern fra varmen, tilsæt pulveriseret sukker, og rør gradvist i varmt vand, indtil det er glat.
k) Dyp toppen af hver éclair i den hvide chokoladeglasur, og sørg for jævn dækning. Lad overskydende dryppe af.
l) Læg de glaserede éclairs på en bakke og lad dem køle af, indtil den hvide chokolade er stivnet.
m) Server afkølet og nyd den dejlige kombination af Macadamia White Chocolate Éclairs!

KRYDTE ECLAIRS

60. Maple Pumpkin Eclairs

INGREDIENSER:
FOR ECLAIRS:
- 1/2 kop usaltet smør
- 1 kop vand
- 1 kop universalmel
- 1/2 tsk stødt kanel
- 1/4 tsk. HVER: salt, stødt muskatnød
- 4 store æg

TIL FYLDNING:
- 1/3 kop flødeost, blødgjort
- 1/3 kop ren græskarpuré
- 1/2 tsk ahornsirup ekstrakt
- Drys stødt kanel, muskatnød
- 1 kop tung fløde, afkølet
- 1 kop konditorsukker

TIL GLASUR:
- 1 1/2 dl konditorsukker
- 1/4 kop ahornsirup
- 2 spsk tung fløde

INSTRUKTIONER:
TIL PATE A CHOUX:
a) Forvarm ovnen til 425F/218C. Beklæd bageplader med bagepapir og forbered en kagepose med en fransk stjernespids.
b) Sigt mel, salt, kanel og muskatnød i en skål. I en gryde koges smør og vand op. Tilsæt tørre ingredienser, rør indtil der dannes en dejkugle.
c) Lad dejen køle af, og tilsæt derefter æg et ad gangen, og rør godt. Overfør dejen til en kagepose.

AT LAGE ECLAIRS:
d) Rør 4 til 6-tommer eclairs på pergamentpapir. Bag ved 425F i 10 minutter, reducer derefter til 375F og bag i 30-35 minutter, indtil de er gyldne. Afkøl på en rist.

Græskar FYLD:
e) Kombiner flødeost, græskarpuré, ekstrakt og krydderier. Pisk indtil glat.

f) Pisk fløde og sukker i en separat skål, indtil der dannes stive toppe. Tilsæt græskarblandingen og pisk til det er let og luftigt.
g) Overfør fyldet i en kagepose.

Ahorn GLASUR:
h) Kom konditorsukker i en skål.
i) Tilsæt ahornsirup og tung fløde gradvist, indtil den ønskede konsistens er nået.

MONTAGE:
j) Når eclairs er afkølet, fyld dem fra siden, bunden eller ved at flække og røre ind i midten.
k) Dyp den øverste halvdel af hver fyldt eclair i ahornglasuren. Lad overskydende glasur dryppe ned.
l) Opbevar eclairs på køl i en lufttæt beholder.

61. Kanel Spice Éclairs

INGREDIENSER:
TIL CHOUX PASTRY:
- 1 kop vand
- 1/2 kop usaltet smør
- 1 kop universalmel
- 4 store æg

TIL FYLDET:
- 2 kopper kanelkrydret wienerbrødscreme

TIL GLASUREN:
- 1/2 kop mørk chokolade, hakket
- 1/4 kop usaltet smør
- 1 kop pulveriseret sukker
- 1/4 kop varmt vand

INSTRUKTIONER:
CHOUX DÆG:
a) Forvarm din ovn til 375°F (190°C) og beklæd en bageplade med bagepapir.
b) I en gryde kombineres vand og smør. Varm op over medium varme, indtil smørret smelter og blandingen koger.
c) Fjern fra varmen, tilsæt melet og rør kraftigt, indtil blandingen danner en kugle.
d) Lad dejen køle af i et par minutter, og tilsæt derefter æggene et ad gangen og pisk godt efter hver tilsætning.
e) Flyt dejen over i en sprøjtepose og hæld éclairs ud på den forberedte bageplade.
f) Bages i cirka 30 minutter eller indtil de er gyldenbrune. Lad afkøle.

FYLDNING:
g) Forbered kanelkrydret wienerbrødscreme. Du kan tilføje malet kanel til en klassisk konditorcremeopskrift eller bruge en færdiglavet konditorcreme med kanelsmag.
h) Fyld éclairerne med den kanelkrydrede wienerbrødscreme med en sprøjtepose eller en lille ske.

GLASUR:
i) I en varmefast skål smeltes den mørke chokolade og smør over en dobbeltkoger.

j) Fjern fra varmen, tilsæt pulveriseret sukker, og rør gradvist i varmt vand, indtil det er glat.
k) Dyp toppen af hver éclair i den mørke chokoladeglasur, og sørg for jævn dækning. Lad overskydende dryppe af.
l) Læg de glaserede éclairs på en bakke og lad dem køle af, indtil chokoladen er stivnet.
m) Serveres afkølet og nyd den varme og beroligende smag af Cinnamon Spice Éclairs!

62. Kardemomme Éclairs

INGREDIENSER:
TIL CHOUX PASTRY:
- 1 kop vand
- 1/2 kop usaltet smør
- 1 kop universalmel
- 4 store æg

TIL FYLDET:
- 2 kopper kardemomme-infunderet wienerbrød creme

TIL GLASUREN:
- 1/2 kop hvid chokolade, hakket
- 1/4 kop usaltet smør
- 1 kop pulveriseret sukker
- 1/4 kop varmt vand

INSTRUKTIONER:
CHOUX DÆG:
a) Forvarm din ovn til 375°F (190°C) og beklæd en bageplade med bagepapir.
b) I en gryde kombineres vand og smør. Varm op over medium varme, indtil smørret smelter og blandingen koger.
c) Fjern fra varmen, tilsæt melet og rør kraftigt, indtil blandingen danner en kugle.
d) Lad dejen køle af i et par minutter, og tilsæt derefter æggene et ad gangen og pisk godt efter hver tilsætning.
e) Flyt dejen over i en sprøjtepose og hæld éclairs ud på den forberedte bageplade.
f) Bages i cirka 30 minutter eller indtil de er gyldenbrune. Lad afkøle.

FYLDNING:
g) Forbered kardemomme-infunderet wienerbrød creme. Du kan indgyde malet kardemomme i en klassisk wienerbrødscremeopskrift eller bruge en færdiglavet kagecreme med kardemommesmag.
h) Fyld éclairerne med den kardemommeprægede wienerbrødscreme med en sprøjtepose eller en lille ske.

GLASUR:

i) I en varmefast skål smeltes den hvide chokolade og smør over en dobbeltkoger.
j) Fjern fra varmen, tilsæt pulveriseret sukker, og rør gradvist i varmt vand, indtil det er glat.
k) Dyp toppen af hver éclair i den hvide chokoladeglasur, og sørg for jævn dækning. Lad overskydende dryppe af.
l) Læg de glaserede éclairs på en bakke og lad dem køle af, indtil den hvide chokolade er stivnet.
m) Serveres afkølet og nyd den aromatiske og eksotiske smag af Cardamom Éclairs!

63.Honningkager Éclairs

INGREDIENSER:
TIL CHOUX PASTRY:
- 1 kop vand
- 1/2 kop usaltet smør
- 1 kop universalmel
- 4 store æg

TIL FYLDET:
- 2 kopper honningkagekrydret wienerbrødscreme

TIL GLASUREN:
- 1/2 kop mørk chokolade, hakket
- 1/4 kop usaltet smør
- 1 kop pulveriseret sukker
- 1/4 kop varmt vand

INSTRUKTIONER:
CHOUX DÆG:
a) Forvarm din ovn til 375°F (190°C) og beklæd en bageplade med bagepapir.
b) I en gryde kombineres vand og smør. Varm op over medium varme, indtil smørret smelter og blandingen koger.
c) Fjern fra varmen, tilsæt melet og rør kraftigt, indtil blandingen danner en kugle.
d) Lad dejen køle af i et par minutter, og tilsæt derefter æggene et ad gangen og pisk godt efter hver tilsætning.
e) Flyt dejen over i en sprøjtepose og hæld éclairs ud på den forberedte bageplade.
f) Bages i cirka 30 minutter eller indtil de er gyldenbrune. Lad afkøle.

FYLDNING:
g) Tilbered honningkagekrydret wienerbrødscreme. Du kan tilføje en kombination af malet ingefær, kanel, muskatnød og nelliker til en klassisk wienerbrødscremeopskrift eller bruge en færdiglavet kagecreme med honningkager.
h) Fyld éclairerne med den honningkagekrydrede wienerbrødscreme med en sprøjtepose eller en lille ske.

GLASUR:

i) I en varmefast skål smeltes den mørke chokolade og smør over en dobbeltkoger.
j) Fjern fra varmen, tilsæt pulveriseret sukker, og rør gradvist i varmt vand, indtil det er glat.
k) Dyp toppen af hver éclair i den mørke chokoladeglasur, og sørg for jævn dækning. Lad overskydende dryppe af.
l) Læg de glaserede éclairs på en bakke og lad dem køle af, indtil chokoladen er stivnet.
m) Serveres afkølet og nyd den varme og beroligende smag af Gingerbread Éclairs!

64. Muskatnød Infusion Éclairs

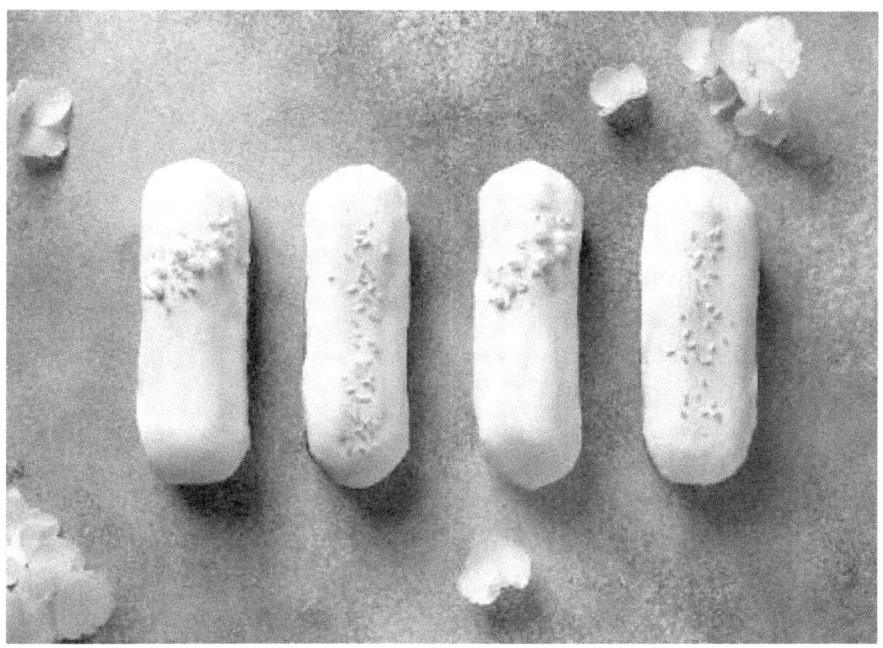

INGREDIENSER:
TIL CHOUX PASTRY:
- 1 kop vand
- 1/2 kop usaltet smør
- 1 kop universalmel
- 4 store æg

TIL FYLDET:
- 2 kopper muskatnød-infunderet wienerbrød creme

TIL GLASUREN:
- 1/2 kop hvid chokolade, hakket
- 1/4 kop usaltet smør
- 1 kop pulveriseret sukker
- 1/4 kop varmt vand

INSTRUKTIONER:
CHOUX DÆG:
a) Forvarm din ovn til 375°F (190°C) og beklæd en bageplade med bagepapir.
b) I en gryde kombineres vand og smør. Varm op over medium varme, indtil smørret smelter og blandingen koger.
c) Fjern fra varmen, tilsæt melet og rør kraftigt, indtil blandingen danner en kugle.
d) Lad dejen køle af i et par minutter, og tilsæt derefter æggene et ad gangen og pisk godt efter hver tilsætning.
e) Flyt dejen over i en sprøjtepose og hæld éclairs ud på den forberedte bageplade.
f) Bages i cirka 30 minutter eller indtil de er gyldenbrune. Lad afkøle.

FYLDNING:
g) Forbered muskatnød-infunderet wienerbrødscreme. Du kan tilføje stødt muskatnød til en klassisk wienerbrødscremeopskrift eller bruge en færdiglavet kagecreme med muskatnødsmag.
h) Fyld éclairerne med den muskatnødprægede wienerbrødscreme med en sprøjtepose eller en lille ske.

GLASUR:

i) I en varmefast skål smeltes den hvide chokolade og smør over en dobbeltkoger.
j) Fjern fra varmen, tilsæt pulveriseret sukker, og rør gradvist i varmt vand, indtil det er glat.
k) Dyp toppen af hver éclair i den hvide chokoladeglasur, og sørg for jævn dækning. Lad overskydende dryppe af.
l) Læg de glaserede éclairs på en bakke og lad dem køle af, indtil den hvide chokolade er stivnet.
m) Serveres afkølet og nyd den subtile varme og duft af Muskatnød Infusion Éclairs!

65. Chai Latte Éclairs

INGREDIENSER:
TIL CHOUX PASTRY:
- 1 kop vand
- 1/2 kop usaltet smør
- 1 kop universalmel
- 4 store æg

TIL FYLDET:
- 2 kopper chai latte-infunderet wienerbrødscreme

TIL GLASUREN:
- 1/2 kop mørk chokolade, hakket
- 1/4 kop usaltet smør
- 1 kop pulveriseret sukker
- 1/4 kop varmt vand

INSTRUKTIONER:
CHOUX DÆG:
a) Forvarm din ovn til 375°F (190°C) og beklæd en bageplade med bagepapir.
b) I en gryde kombineres vand og smør. Varm op over medium varme, indtil smørret smelter og blandingen koger.
c) Fjern fra varmen, tilsæt melet og rør kraftigt, indtil blandingen danner en kugle.
d) Lad dejen køle af i et par minutter, og tilsæt derefter æggene et ad gangen og pisk godt efter hver tilsætning.
e) Flyt dejen over i en sprøjtepose og hæld éclairs ud på den forberedte bageplade.
f) Bages i cirka 30 minutter eller indtil de er gyldenbrune. Lad afkøle.

FYLDNING:
g) Forbered chai latte-infunderet wienerbrødscreme. Bland formalede chai-krydderier (kanel, kardemomme, ingefær, nelliker) i en klassisk wienerbrødscremeopskrift, eller brug en færdiglavet konditorcreme med chai latte-smag.
h) Fyld éclairs med den chai latte-infunderede wienerbrødscreme ved hjælp af en sprøjtepose eller en lille ske.

GLASUR:
i) I en varmefast skål smeltes den mørke chokolade og smør over en dobbeltkoger.
j) Fjern fra varmen, tilsæt pulveriseret sukker, og rør gradvist i varmt vand, indtil det er glat.
k) Dyp toppen af hver éclair i den mørke chokoladeglasur, og sørg for jævn dækning. Lad overskydende dryppe af.
l) Læg de glaserede éclairs på en bakke og lad dem køle af, indtil chokoladen er stivnet.
m) Serveres afkølet og nyd den rige og krydrede smag af Chai Latte Éclairs!

66. Krydret Orange Zest Éclairs

INGREDIENSER:
TIL CHOUX PASTRY:
- 1 kop vand
- 1/2 kop usaltet smør
- 1 kop universalmel
- 4 store æg

TIL FYLDET:
- 2 kopper krydret appelsinskal-infunderet wienerbrødscreme

TIL GLASUREN:
- 1/2 kop hvid chokolade, hakket
- 1/4 kop usaltet smør
- 1 kop pulveriseret sukker
- 1/4 kop varmt vand

INSTRUKTIONER:
CHOUX DÆG:
a) Forvarm din ovn til 375°F (190°C) og beklæd en bageplade med bagepapir.
b) I en gryde kombineres vand og smør. Varm op over medium varme, indtil smørret smelter og blandingen koger.
c) Fjern fra varmen, tilsæt melet og rør kraftigt, indtil blandingen danner en kugle.
d) Lad dejen køle af i et par minutter, og tilsæt derefter æggene et ad gangen og pisk godt efter hver tilsætning.
e) Flyt dejen over i en sprøjtepose og hæld éclairs ud på den forberedte bageplade.
f) Bages i cirka 30 minutter eller indtil de er gyldenbrune. Lad afkøle.

FYLDNING:
g) Forbered krydret appelsinskal-infunderet wienerbrødscreme. Tilføj formalede krydderier (kanel, nelliker, muskatnød) og fintrevet appelsinskal til en klassisk wienerbrødscremeopskrift, eller brug en præ-lavet krydret konditorcreme med appelsinskal.
h) Fyld éclairs med den krydrede appelsinskal-infunderede wienerbrødscreme ved hjælp af en sprøjtepose eller en lille ske.

GLASUR:
i) I en varmefast skål smeltes den hvide chokolade og smør over en dobbeltkoger.
j) Fjern fra varmen, tilsæt pulveriseret sukker, og rør gradvist i varmt vand, indtil det er glat.
k) Dyp toppen af hver éclair i den hvide chokoladeglasur, og sørg for jævn dækning. Lad overskydende dryppe af.
l) Læg de glaserede éclairs på en bakke og lad dem køle af, indtil den hvide chokolade er stivnet.
m) Serveres afkølet og nyd den dejlige kombination af krydret smag og citrus i Spiced Orange Zest Éclairs!

SLIK ECLAIRS

67. Peanut Butter Cup Eclair

INGREDIENSER:
CHOUX KONTIG
- 1 kop vand
- 1 kop mel
- 0,5 kop smør i tern
- 0,25 tsk salt
- 4 store æg

CHOKOLADE CREME PATISSERIE
- 1,5 dl mælk
- 1 kop tung fløde
- 1 tsk vanilje
- 2 spsk kakaopulver
- 3 æggeblommer
- 1 helt æg
- 0,5 kop sukker
- 2,5 spsk majsstivelse
- 0,25 tsk salt
- 5 oz finthakket bittersød eller halvsød chokolade
- 3 spsk blødt/stuetemperatur smør

PEANUT Butter GANACHE
- 1/3 kop tung fløde
- 2 spsk smør
- 0,5 kop jordnøddesmør (glat eller tykt)
- 0,5 lb finthakket bittersød chokolade

TIL UDSYNING
- Reese's Pieces Uindpakkede minikopper eller miniaturer
- Tørristede, saltede jordnødder

INSTRUKTIONER:
CHOUX DÆG:
a) Forvarm ovnen til 400°F. Beklæd bageplader med bagepapir og sprøjt med nonstick-spray.
b) Bland salt i mel og stil til side.
c) Kom vand og smør i tern i en gryde, bring det i kog, og tilsæt derefter mel/salt. Rør indtil der dannes en pasta.
d) Fortsæt med at røre ved varmen, indtil dejen danner en kugle og trækker sig væk fra gryden.

e) Lad dejen køle lidt af, og tilsæt derefter æg et efter et, bland godt.
f) Overfør dejen til en sprøjtepose og rør 3-4 tommer længder på bageplader.
g) Bag i 10 minutter ved 400°F, reducer derefter varmen til 375°F og bag i 20 minutter mere. Åbn ikke ovnen under bagningen.

CHOKOLADE CREME PATISSERIE:
h) Kom mælk, fløde og vanilje i en gryde. I en separat skål piskes sukker, æg, æggeblommer, majsstivelse, kakaopulver og salt sammen.
i) Hæld halvdelen af den dampede mælk i æggeblandingen under konstant piskning. Tilsæt resten gradvist, og hæld derefter tilbage i gryden.
j) Varm op over medium varme, pisk konstant indtil cremen bobler. Tilsæt hakket chokolade og pisk til det er smeltet.
k) Fjern fra varmen, tilsæt smør, pisk indtil det er blandet. Dæk med husholdningsfolie, rør ved overfladen og afkøl.

SAMLING AF ECLAIRS MED KONTIGCREMME:
l) Monter en sprøjtepose med en tynd, almindelig spids. Fyld med konditorcreme.
m) Prik to huller i undersiden af hver eclair. Fyld med wienerbrødscreme fra begge ender.

PEANUT Butter GANACHE:
n) Hak chokoladen i små spåner. Varm fløde op i en gryde.
o) Hæld varm fløde over chokoladen. Lad det smelte i cirka 45 sekunder, og rør derefter, indtil det er glat.
p) Bland i jordnøddesmør og smør, indtil det er glat. Afkøl til stuetemperatur.

PYNTER OP:
q) Frost eclairs med jordnøddesmør ganache ved hjælp af en spatel.
r) Pisk den resterende ganache i en røremaskine og rør ovenpå eclairs.
s) Top med mini-peanutbutter-kopper og saltede peanuts.

68. Salted Caramel Eclairs

INGREDIENSER:
PATE CHOUX
- 1 kop mel
- 1 kop vand
- 8 spsk usaltet smør
- ½ tsk salt
- 4 æg

KONTIGCREMME
- 2 ¼ kopper sødmælk
- ¼ kop majsstivelse
- ¼ kop sukker
- 4 æggeblommer
- 1 vaniljestang delt i to og kerner fjernet
- Knib salt

SALT KARAMELSAUCE
- 1 kop sukker
- ¼ kop usaltet smør 4Tb, skåret i stykker
- 1 tsk vaniljeekstrakt
- ½ kop tung fløde
- ½ tsk flagende havsalt + mere, til pynt

INSTRUKTIONER:
LAV KONTIGCREMMEN
a) Til en mellemstor gryde, tilsæt mælk, majsstivelse, sukker, æggeblommer, knivspids salt og den flækkede vaniljestang og bring op til medium varme.
b) Pisk blandingen sammen, indtil den er glat og tyk, og flødeblandingen dækker bagsiden af en ske.
c) Når blandingen er tyknet, fjernes den fra varmen og sigtes gennem en finmasket sigte over i en anden skål. Dette vil hjælpe med at fjerne eventuelle klumper eller æg, der kan have forvrænget.
d) Læg et stykke plastfolie direkte over cremen, sørg for, at den rører, så der ikke dannes "skind", og stil konditorcremen i køleskabet, indtil den er helt afkølet, mindst 4 timer. (Bemærk* Jo længere den sidder, jo tykkere creme bliver og lettere er det at røre ind i wienerbrød).

LAV PÂTE À CHOUX (KAGERDEJ)
e) Forvarm ovnen til 425 grader Fahrenheit og beklæd 2 bageplader med bagepapir eller en silpat.
f) I mellemtiden, i en mellemstor gryde, smelt smør, vand og salt sammen over medium-lav varme.
g) Tilsæt melet og rør rundt med en ske til det hele er blandet sammen og danner en dej. Fortsæt med at koge dejen i 2 minutter, og sørg for, at der ikke er råt mel tilbage.
h) Tilsæt æggene, 1 ad gangen, og fortsæt med at blande med en ske, indtil alt er godt indarbejdet. Det kan se vådt ud i starten, men dejen vil komme sammen og trække sig væk fra siderne af gryden.
i) Tag dejen af varmen og overfør den til en sprøjtepose eller genlukkelig plastikpose. Fyld posen 3,4 af vejen fuld og skær en hel i et af hjørnerne.
j) Rør logs af wienerbrød creme på bagepladen, omkring 4-5 inches lang, du kan passe omkring 10-12 på hver bageplade.
k) Bag pâte à choux ved 425 grader Fahrenheit i 10 minutter, reducer derefter varmen til 250 grader Fahrenheit og fortsæt med at bage i yderligere 20 minutter, eller indtil al pate à choux

er gyldenbrun. Tag ud af ovnen, når den er færdig, og lad den køle helt af.

LAVE DEN SALTEDE KARAMELSAUCE
l) Kom sukkeret i en lille gryde og kog ved svag varme, indtil sukkeret bliver klumpet.
m) Brug en træske til at bryde sukkeret op, hvis det er nødvendigt, og fortsæt med at koge, indtil sukkeret smelter og er helt glat og får en lysebrun farve.
n) Tilsæt smør, vanilje og fløde og rør sammen. Tilsæt et nip af det flagende havsalt og smag til.
o) Sluk for varmen og fortsæt med at blande karamelsaucen, indtil den er tyknet og kan hældes. Den afsatte.

SAMLER ECLAIRS
p) Brug en spisepind eller spyd, og prik huller på hver side af dejskallen, så der dannes en tunnel inde i dejen.
q) Rør den afkølede wienerbrødscreme ind i dejen, men fyld ikke for meget.
r) Dyp den ene side af eclairen i karamelsaucen, eller du kan bruge en ske til at hælde karamelsaucen over toppen.
s) Pynt eclairen med ekstra havsalt eller spiseligt drys.

69. S'mores Éclairs

INGREDIENSER:
- 1 kop sødmælk
- 1 kop vand
- 1 kop usaltet smør, skåret i stykker
- 1 tsk sukker
- ½ tsk salt
- 1 kop universalmel
- 7 store æg, ved stuetemperatur
- ¾ kop graham cracker krummer
- 4 kopper flødeskum
- 1 kop chokoladeganache

INSTRUKTIONER:
a) Forvarm ovnen for 400°F. Forbered 2 store bageplader med bagepapir. Sæt til side.
b) I en tykbundet mellemstor gryde bringes mælk, vand, smør, sukker og salt i kog. Når blandingen er ved at koge, tilsæt alt mel på én gang, reducer varmen til medium, og rør blandingen hurtigt med en træske. Efter 1 minut reduceres varmen til lav og røres i 3 minutter mere. Dejen bliver glat og skinnende.
c) Flyt dejen over i skålen på en røremaskine, der er udstyret med pagajtilbehøret. Pisk dejen i 5 minutter til afkøling.
d) Tilsæt æggene et ad gangen, pisk i 1 minut efter hvert æg som er blevet tilføjet. Dejen vil skilles, men den vil samle sig igen efter noget tid.
e) Læg dejen i en sprøjtepose med en 1" åbning. Sprøjt dejen i 3-4" længder på de bagepapirbeklædte bageplader. Brug en fugtet finger til at retablere eventuelle takkede dejkanter, hvis det er nødvendigt.
f) Bag éclairs i 20 minutter, eller indtil de er hævede og gyldenbrune. Drej panderne halvvejs i bagetiden.
g) For at lave fyldet, fold han graham cracker krummer i flødeskummet.
h) Når éclairs er afkølet, fyldes med flødeskum ved hjælp af en lang, smal spids.

70. Pebermynte Eclairs

INGREDIENSER:
TIL PATE A CHOUX:
- 1/2 kop usaltet smør
- 1 kop vand
- 1/4 tsk salt
- 1 kop universalmel
- 4 store æg

TIL PEPERMINTEFYLD:
- 1/2 kop usaltet smør, blødgjort
- 4 oz flødeost, blødgjort
- 1/2 kop sødet kondenseret mælk
- 1 1/2 dl tung fløde, afkølet
- 1 kop konditorsukker (valgfrit)
- 1 tsk vanilje
- 1/4 tsk pebermynteolie

TIL GARNISERING:
- 1 1/2 dl hvid chokolade smelter
- 1/2 kop knuste slikstokke
- Rød madfarve (valgfrit)

INSTRUKTIONER:
TIL PATE A CHOUX:
a) Forvarm ovnen til 425F/218C og beklæd en bageplade med bagepapir.
b) Smelt smør i en gryde, tilsæt vand og salt, bring det i kog.
c) Tilsæt mel, pisk indtil der dannes en dejkugle. Lad det køle af i 20 minutter.
d) Tilsæt gradvist æg, et ad gangen, og bland godt efter hver tilsætning.
e) Overfør dejen til en wienerbrødspose og rør 4 til 6-tommer eclairs ud på bagepladen.
f) Bag ved 425F/218C i 10 minutter, reducer derefter varmen til 375F/190C og bag i 40-45 minutter, indtil de er gyldne. Åbn ikke ovndøren.

TIL FYLDNING:
g) Pisk blødt smør og flødeost til det er glat.
h) Tilsæt sødet kondenseret mælk, bland indtil cremet.

i) Tilsæt afkølet fløde, vanilje og pebermynteolie. Bland indtil stive toppe dannes.

SAMLING AF ECLAIRS:
j) Afkøl eclairs helt og lav huller til fyldning.
k) Kom fyldet over i en kagepose med en fyldspids og fyld eclairs indtil creme kommer ud i enderne.
l) Til pynt dypper du eclairs i smeltet hvid chokolade og drysser derefter knuste slik.
m) Reserver eventuelt 1 kop flødeskum, tilsæt rød madfarve og rør over almindelige eclairs. Pynt med knuste bolcher.
n) Opbevares på køl, hvis den ikke indtages inden for et par timer. Nydes bedst inden for 2-3 dage.

71. Toffee Crunch Éclairs

INGREDIENSER:
TIL CHOUX PASTRY:
- 1 kop vand
- 1/2 kop usaltet smør
- 1 kop universalmel
- 4 store æg

TIL FYLDET:
- 2 kopper kagecreme med toffeesmag

TIL TOFFEE CRUNCH TOPPING:
- 1 kop toffee bits eller knust karameller slik
- 1/2 kop hakkede nødder (f.eks. mandler eller pekannødder)

TIL GLASUREN:
- 1/2 kop mørk chokolade, hakket
- 1/4 kop usaltet smør
- 1 kop pulveriseret sukker
- 1/4 kop varmt vand

INSTRUKTIONER:
CHOUX DÆG:
a) Forvarm din ovn til 375°F (190°C) og beklæd en bageplade med bagepapir.
b) I en gryde kombineres vand og smør. Varm op over medium varme, indtil smørret smelter og blandingen koger.
c) Fjern fra varmen, tilsæt melet og rør kraftigt, indtil blandingen danner en kugle.
d) Lad dejen køle af i et par minutter, og tilsæt derefter æggene et ad gangen og pisk godt efter hver tilsætning.
e) Flyt dejen over i en sprøjtepose og hæld éclairs ud på den forberedte bageplade.
f) Bages i cirka 30 minutter eller indtil de er gyldenbrune. Lad afkøle.

FYLDNING:
g) Tilbered kagecreme med karamelsmag. Du kan tilføje toffeeekstrakt eller knuste toffee-stykker til en klassisk wienerbrødscremeopskrift eller bruge en færdiglavet kagecreme med toffee-smag.

h) Fyld éclairerne med konditorcremen med karamelsmag med en sprøjtepose eller en lille ske.

TOFFEE CRUNCH TOPPING:
i) Bland toffee og hakkede nødder i en skål.
j) Drys toffee crunch-toppen generøst over de fyldte éclairs, og sørg for jævn dækning.

GLASUR:
k) I en varmefast skål smeltes den mørke chokolade og smør over en dobbeltkoger.
l) Fjern fra varmen, tilsæt pulveriseret sukker, og rør gradvist i varmt vand, indtil det er glat.
m) Dyp toppen af hver éclair i den mørke chokoladeglasur, og sørg for jævn dækning. Lad overskydende dryppe af.
n) Læg de glaserede éclairs på en bakke og lad dem køle af, indtil chokoladen er stivnet.
o) Server afkølet og nyd den søde og sprøde godhed fra Toffee Crunch Éclairs!

72. Candy Candy Éclairs

INGREDIENSER:
TIL CHOUX PASTRY:
- 1 kop vand
- 1/2 kop usaltet smør
- 1 kop universalmel
- 4 store æg

TIL FYLDET:
- 2 kopper kagecreme med bomuldsbolche

TIL BOARD BOARD GARNISERING:
- Bomuld til topping

TIL GLASUREN:
- 1/2 kop hvid chokolade, hakket
- 1/4 kop usaltet smør
- 1 kop pulveriseret sukker
- 1/4 kop varmt vand

INSTRUKTIONER:
CHOUX DÆG:
a) Forvarm din ovn til 375°F (190°C) og beklæd en bageplade med bagepapir.
b) I en gryde kombineres vand og smør. Varm op over medium varme, indtil smørret smelter og blandingen koger.
c) Fjern fra varmen, tilsæt melet og rør kraftigt, indtil blandingen danner en kugle.
d) Lad dejen køle af i et par minutter, og tilsæt derefter æggene et ad gangen og pisk godt efter hver tilsætning.
e) Flyt dejen over i en sprøjtepose og hæld éclairs ud på den forberedte bageplade.
f) Bages i cirka 30 minutter eller indtil de er gyldenbrune. Lad afkøle.

FYLDNING:
g) Tilbered kagecreme med bomuldsbolche-smag. Du kan tilføje bomuldsbolsjersmag eller knust bomuldsbolsje til en klassisk wienerbrødscremeopskrift eller bruge en færdiglavet kagecreme med bomuldsbolche.
h) Fyld éclairs med kagecreme med bomuldssmag med en sprøjtepose eller en lille ske.

BOARD SANDY GARNISERING:
i) Lige før servering toppes hver éclair med en tott candyl for et finurligt præg.

GLASUR:
j) I en varmefast skål smeltes den hvide chokolade og smør over en dobbeltkoger.
k) Fjern fra varmen, tilsæt pulveriseret sukker, og rør gradvist i varmt vand, indtil det er glat.
l) Dyp toppen af hver éclair i den hvide chokoladeglasur, og sørg for jævn dækning. Lad overskydende dryppe af.
m) Læg de glaserede éclairs på en bakke og lad dem køle af, indtil den hvide chokolade er stivnet.
n) Serveres afkølet og oplev den søde nostalgi fra Cotton Candy Éclairs!

73. Rocky Road Éclairs

INGREDIENSER:
TIL CHOUX PASTRY:
- 1 kop vand
- 1/2 kop usaltet smør
- 1 kop universalmel
- 4 store æg

TIL FYLDET:
- 2 kopper chokolademousse eller konditorcreme med chokoladesmag

TIL ROCKY ROAD TOPPING:
- 1 kop mini skumfiduser
- 1/2 kop hakkede nødder (f.eks. mandler eller valnødder)
- 1/2 kop chokoladestykker eller bidder

TIL CHOKOLADE GLASUREN:
- 1/2 kop mørk chokolade, hakket
- 1/4 kop usaltet smør
- 1 kop pulveriseret sukker
- 1/4 kop varmt vand

INSTRUKTIONER:
CHOUX DÆG:
a) Forvarm din ovn til 375°F (190°C) og beklæd en bageplade med bagepapir.
b) I en gryde kombineres vand og smør. Varm op over medium varme, indtil smørret smelter og blandingen koger.
c) Fjern fra varmen, tilsæt melet og rør kraftigt, indtil blandingen danner en kugle.
d) Lad dejen køle af i et par minutter, og tilsæt derefter æggene et ad gangen og pisk godt efter hver tilsætning.
e) Flyt dejen over i en sprøjtepose og hæld éclairs ud på den forberedte bageplade.
f) Bages i cirka 30 minutter eller indtil de er gyldenbrune. Lad afkøle.

FYLDNING:
g) Forbered chokolademousse eller konditorcreme med chokoladesmag. Du kan bruge en færdiglavet version eller lave din egen efter dine præferencer.

h) Fyld éclairerne med chokolademoussen eller konditorcremen med chokoladesmag ved hjælp af en sprøjtepose eller en lille ske.

ROCKY ROAD TOPPING:
i) Bland miniskumfiduser, hakkede nødder og chokoladechips i en skål.
j) Drys generøst den stenede vejtopping over de fyldte éclairs, og sørg for jævn dækning.

CHOKOLADE GLASUR:
k) I en varmefast skål smeltes den mørke chokolade og smør over en dobbeltkoger.
l) Fjern fra varmen, tilsæt pulveriseret sukker, og rør gradvist i varmt vand, indtil det er glat.
m) Dyp toppen af hver éclair i chokoladeglasuren, og sørg for jævn dækning. Lad overskydende dryppe af.
n) Læg de glaserede éclairs på en bakke og lad dem køle af, indtil chokoladen er stivnet.
o) Serveres afkølet og nyd den dejlige kombination af teksturer og smag i Rocky Road Éclairs!

74. Bubblegum Éclairs

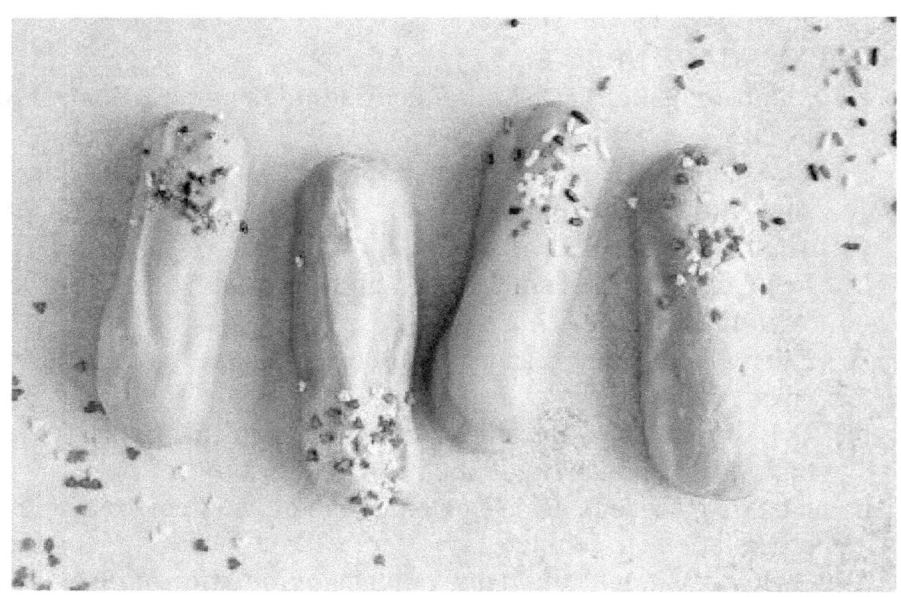

INGREDIENSER:
TIL CHOUX PASTRY:
- 1 kop vand
- 1/2 kop usaltet smør
- 1 kop universalmel
- 4 store æg

TIL FYLDET:
- 2 kopper kagecreme med tyggegummi

TIL BOBLEGLASEN :
- 1 kop pulveriseret sukker
- 2-3 spsk mælk
- 1-2 tsk tyggegummiekstrakt eller smagsgiver (tilpas efter smag)
- Pink eller blå madfarve (valgfrit)

INSTRUKTIONER:
CHOUX DÆG:
a) Forvarm din ovn til 375°F (190°C) og beklæd en bageplade med bagepapir.
b) I en gryde kombineres vand og smør. Varm op over medium varme, indtil smørret smelter og blandingen koger.
c) Fjern fra varmen, tilsæt melet og rør kraftigt, indtil blandingen danner en kugle.
d) Lad dejen køle af i et par minutter, og tilsæt derefter æggene et ad gangen og pisk godt efter hver tilsætning.
e) Flyt dejen over i en sprøjtepose og hæld éclairs ud på den forberedte bageplade.
f) Bages i cirka 30 minutter eller indtil de er gyldenbrune. Lad afkøle.

FYLDNING:
g) Tilbered kagecreme med tyggegummi-smag. Tilføj tyggegummiekstrakt eller smagsgiver til en klassisk wienerbrødscremeopskrift eller brug en færdiglavet tyggegummi-smagscreme.
h) Fyld éclairs med kagecreme med tyggegummi-smag med en sprøjtepose eller en lille ske.

BUBBLEGUM GLASUR:
i) I en skål kombineres pulveriseret sukker, mælk og tyggegummiekstrakt. Bland indtil glat.
j) Hvis det ønskes, tilsæt et par dråber pink eller blå madfarve for at opnå en tyggegummifarve.
k) Dyp toppen af hver éclair i tyggegummiglasuren, og sørg for jævn dækning. Lad overskydende dryppe af.
l) Læg de glaserede éclairs på en bakke og lad dem køle af, indtil glasuren er stivnet.
m) Serveres afkølet og oplev den sjove og unikke smag af Bubblegum Éclairs!

75. Sour Patch Citrus Éclairs

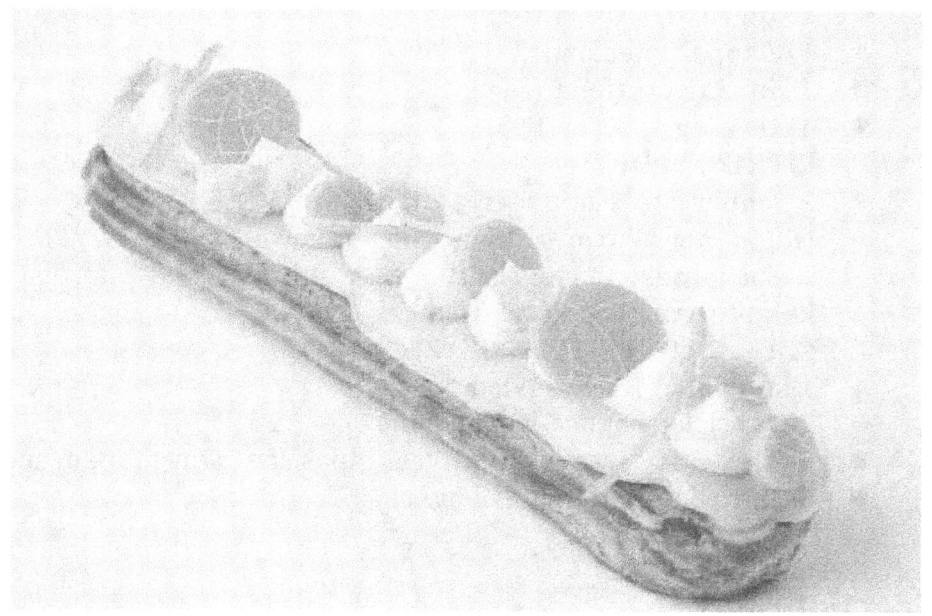

INGREDIENSER:
TIL CHOUX PASTRY:
- 1 kop vand
- 1/2 kop usaltet smør
- 1 kop universalmel
- 4 store æg

TIL CITRUSFYLDET:
- 2 kopper citrus-infunderet wienerbrød creme
- (Kombiner citron-, lime- og appelsinskal i en klassisk wienerbrødscremeopskrift eller brug en færdiglavet konditorcreme med citrussmag.)

TIL SOUR PATCH CITRUS GLAZE:
- 1 kop pulveriseret sukker
- 2-3 spsk citrusjuice (citron, lime eller appelsin)
- 1-2 tsk citronsyre eller vinsyre (tilpas efter smag for surhed)
- Skal fra en citrusfrugt (til pynt)

INSTRUKTIONER:
CHOUX DÆG:
a) Forvarm din ovn til 375°F (190°C) og beklæd en bageplade med bagepapir.
b) I en gryde kombineres vand og smør. Varm op over medium varme, indtil smørret smelter og blandingen koger.
c) Fjern fra varmen, tilsæt melet og rør kraftigt, indtil blandingen danner en kugle.
d) Lad dejen køle af i et par minutter, og tilsæt derefter æggene et ad gangen og pisk godt efter hver tilsætning.
e) Flyt dejen over i en sprøjtepose og hæld éclairs ud på den forberedte bageplade.
f) Bages i cirka 30 minutter eller indtil de er gyldenbrune. Lad afkøle.

CITRUS FYLDNING:
g) Forbered citrus-infunderet wienerbrød creme. Kombiner citron-, lime- og appelsinskal i en klassisk wienerbrødscremeopskrift eller brug en færdiglavet konditorcreme med citrussmag.

h) Fyld éclairerne med den citrusprægede wienerbrødscreme med en sprøjtepose eller en lille ske.

SOUR PATCH CITRUS GLASUR:

i) I en skål kombineres pulveriseret sukker, citrussaft og citronsyre. Bland indtil glat. Juster citronsyren for at opnå det ønskede niveau af surhed.
j) Dyp toppen af hver éclair i den sure patch-citrusglasur, og sørg for jævn dækning. Lad overskydende dryppe af.
k) Drys skal fra en citrusfrugt over de glaserede éclairs til pynt.
l) Læg de glaserede éclairs på en bakke og lad dem køle af, indtil glasuren er stivnet.
m) Serveres afkølet og nyd den friske og syrlige smag af Sour Patch Citrus Éclairs!

76. Lakridselskere Éclairs

INGREDIENSER:
TIL CHOUX PASTRY:
- 1 kop vand
- 1/2 kop usaltet smør
- 1 kop universalmel
- 4 store æg

TIL FYLDET:
- 2 kopper kagecreme med lakridssmag

TIL LAKRIDSGLASUREN:
- 1 kop pulveriseret sukker
- 2-3 spsk lakridssirup eller ekstrakt
- Sort madfarve (valgfrit, til farve)
- Vand (efter behov for konsistens)

INSTRUKTIONER:
CHOUX DÆG:
a) Forvarm din ovn til 375°F (190°C) og beklæd en bageplade med bagepapir.
b) I en gryde kombineres vand og smør. Varm op over medium varme, indtil smørret smelter og blandingen koger.
c) Fjern fra varmen, tilsæt melet og rør kraftigt, indtil blandingen danner en kugle.
d) Lad dejen køle af i et par minutter, og tilsæt derefter æggene et ad gangen og pisk godt efter hver tilsætning.
e) Flyt dejen over i en sprøjtepose og hæld éclairs ud på den forberedte bageplade.
f) Bages i cirka 30 minutter eller indtil de er gyldenbrune. Lad afkøle.

FYLDNING:
g) Tilbered kagecreme med lakridssmag. Tilføj lakridssirup eller ekstrakt til en klassisk wienerbrødscremeopskrift eller brug en færdiglavet kagecreme med lakridssmag.
h) Fyld éclairerne med konditorcremen med lakridssmag ved hjælp af en sprøjtepose eller en lille ske.

LAKRIDS GLASUR:
i) I en skål kombineres pulveriseret sukker og lakridssirup eller ekstrakt. Tilsæt vand gradvist, indtil du når den ønskede glasurkonsistens.
j) Hvis det ønskes, tilsæt sort madfarve for at opnå en dyb lakridsfarve.
k) Dyp toppen af hver éclair i lakridsglasuren, og sørg for jævn dækning. Lad overskydende dryppe af.
l) Læg de glaserede éclairs på en bakke og lad dem køle af, indtil glasuren er stivnet.
m) Serveres afkølet og oplev den dristige og unikke smag af Licorice Lovers Éclairs!

ECLAIRS MED KAFFE

77. Cappuccino Eclairs

INGREDIENSER:
- 1 parti hjemmelavede eller købte eclair kageskaller
- 1 kop tung fløde
- 2 spsk instant kaffe granulat
- ¼ kop pulveriseret sukker
- ½ tsk vaniljeekstrakt
- ¼ kop kakaopulver (til aftørring)

INSTRUKTIONER:
a) Forbered eclair-dejskallerne efter opskriften eller pakkens anvisninger, og lad dem køle af.
b) Opløs instant kaffegranulatet i et par spiseskefulde varmt vand i en lille skål. Lad det køle af.
c) I en separat skål piskes den tunge fløde, pulveriseret sukker og vaniljeekstrakt, indtil der dannes stive toppe.
d) Vend forsigtigt kaffeblandingen i flødeskummet.
e) Skær hver eclair-skal i halve vandret og fyld dem med flødeskum med kaffesmag.
f) Støv toppen af eclairen med kakaopulver.
g) Server og nyd dine hjemmelavede cappuccino eclairs!

78. Tiramisu Eclairs

INGREDIENSER:
ECLAIR DEJ:
- 3 store æg, ved stuetemperatur
- 1/2 kop vand
- 4 1/2 spsk usaltet smør, skåret i 1/2-tommers terninger
- 3 spsk granuleret sukker
- 3/4 kop sigtet universalmel
- 1 spsk instant kaffe
- 1 1/2 tsk stødt kanel

MASCARPONE FYLD:
- 8 ounce mascarpone ost
- 1/2 kop tung fløde
- 6 spsk granuleret sukker
- 2 spsk lys rom

GLASUR:
- 1/2 kop konditorsukker
- 5 tsk tung fløde

INSTRUKTIONER:
ECLAIR DEJ:
a) Forvarm ovnen til 425 grader F. Beklæd to bageplader med bagepapir.
b) I et glasmålebæger røres æggene, indtil de er blandet. Reserver 2 spiseskefulde sammenpisket æg i en lille kop.
c) I en mellemtung gryde kombineres vand, smør og sukker. Varm op ved middel varme, indtil smørret er smeltet.
d) Øg varmen til medium-høj og bring blandingen i kog. Fjern fra varmen.
e) Rør mel, instant kaffe og kanel i med et piskeris. Pisk kraftigt i 20 til 30 sekunder, indtil blandingen er glat og trækker sig væk fra siden af gryden.
f) Sæt gryden tilbage på varmen under konstant omrøring med en træske. Kog i 30 til 60 sekunder, indtil pastaen danner en meget glat kugle. Overfør pastaen til en stor skål.
g) Hæld den reserverede 1/2 kop pisket æg over pastaen og pisk kraftigt med en træske i 45 til 60 sekunder, indtil blandingen danner en glat, blød dej. Dejen skal holde sin form, når den tages

op med en ske, men være blød nok til at glide langsomt af skeen, når den vippes.
h) Fyld en wienerbrødspose med en 5/16-tommer almindelig spids med eclair-dejen. Rør 5-tommer strimler cirka 1/2-tommer brede på de forberedte bageplader, efterlader omkring 1 1/2 inches mellem eclairs.
i) Pensl let toppen af eclairerne med det resterende sammenpiskede æg.
j) Bag eclairs i 10 minutter, og reducer derefter ovntemperaturen til 375 grader F. Fortsæt med at bage i 20 til 25 minutter, indtil de er sprøde. Overfør eclairs til en rist og afkøl helt.

MASCARPONE FYLD:
k) I en stor skål piskes mascarponeost, fløde og sukker sammen, indtil det er glat.
l) Rør rom i.

GLASUR:
m) I en lille skål kombineres konditorsukker med tung fløde. Rør indtil glat.

SAMLER OG GLASER ECLAIRS:
n) Skær eclairs i halve og fjern eventuel fugtig dej.
o) Fyld hver eclair med cirka tre spiseskefulde mascarponefyld.
p) Udskift toppen af hver eclair.
q) Fordel glasuren over toppen af hver eclair.
r) Drys med sigtet kakaopulver og pynt med flødeskum, hvis det ønskes.

79. Mokka Eclairs

INGREDIENSER:
CHOUX DÆG:
- 1 Choux wienerbrød

KAFFE CREME PATISSIERE:
- 2 tsk vaniljeekstrakt
- 500 ml mælk
- 120 g sukker
- 50 g almindeligt mel
- 120 g æggeblommer (ca. 6 æg)
- 60 ml Espresso
- 10 g instant kaffe

CHOKOLADE CRAQUELIN:
- 80 g almindeligt mel
- 10 g kakaopulver
- 90 g strøsukker
- 75 g usaltet smør (i tern)

CHOKOLADE GLIS:
- 500 g Fondant flormelis
- 50 g mørk chokolade (smeltet)
- Vand

AT DEKORERE:
- Kaffebønner
- Kakaonibs

INSTRUKTIONER:
CHOUX DÆG:
a) Forvarm din ovn til 200°C (180°C varmluft) og beklæd en bageplade med bagepapir.
b) Tilbered choux-dejen efter din yndlingsopskrift eller brug butikskøbt wienerbrød, hvis det foretrækkes.
c) Sprøjt choux-dejen i éclair-former på den forberedte bakke. Bages til de er gyldenbrune og opblæste. Lad afkøle.

KAFFE CREME PATISSIERE:
d) Kombiner mælk, sukker, vaniljeekstrakt, almindeligt mel og instant kaffe i en gryde. Pisk indtil glat.
e) Opvarm blandingen over middel varme under konstant omrøring, indtil den tykner.

f) Pisk æggeblommerne i en separat skål. Tilsæt gradvist en slev af den varme mælkeblanding til æggeblommerne under konstant pisk.
g) Hæld æggeblommeblandingen tilbage i gryden og fortsæt med at koge, indtil cremen er tyk.
h) Fjern fra varmen og rør espresso i. Lad det køle af.

CHOKOLADE CRAQUELIN:
i) I en skål blandes almindeligt mel, kakaopulver, strøsukker og usaltet smør i tern, indtil det danner en dej.
j) Rul dejen ud mellem to plader bagepapir til den ønskede tykkelse.
k) Afkøl dejen i køleskabet, indtil den er fast. Når de er faste, skæres rundstykker ud til at placere oven på éclairs.

CHOKOLADE GLIS:
l) Smelt mørk chokolade og lad den køle lidt af.
m) I en skål kombineres fondant flormelis og smeltet chokolade. Tilsæt vand gradvist, indtil du opnår en jævn, hældbar konsistens.

MONTAGE:
n) Skær de afkølede éclairs i halve vandret.
o) Fyld en sprøjtepose med kaffecreme-patissiere og rør den på den nederste halvdel af hver éclair.
p) Læg chokolade craquelin oven på creme patissiere.
q) Dyp toppen af hver éclair i chokoladeglasuren, og lad det overskydende dryppe af.
r) Lad chokoladeglasuren stivne.
s) Pynt med kaffebønner og kakaonibs.

80. Espresso Bean Crunch Éclairs

INGREDIENSER:
TIL CHOUX PASTRY:
- 1 kop vand
- 1/2 kop usaltet smør
- 1 kop universalmel
- 4 store æg

TIL FYLDET:
- 2 kopper konditorcreme med kaffesmag

TIL ESPRESSO BØNNECRUNCH TOPPING:
- 1/2 kop chokoladeovertrukne espressobønner, finthakkede

TIL KAFFEGLASUREN:
- 1/2 kop mørk chokolade, hakket
- 1/4 kop usaltet smør
- 1 kop pulveriseret sukker
- 1-2 spsk brygget stærk kaffe eller espresso

INSTRUKTIONER:
CHOUX DÆG:
a) Forvarm din ovn til 375°F (190°C) og beklæd en bageplade med bagepapir.
b) I en gryde kombineres vand og smør. Varm op over medium varme, indtil smørret smelter og blandingen koger.
c) Fjern fra varmen, tilsæt melet og rør kraftigt, indtil blandingen danner en kugle.
d) Lad dejen køle af i et par minutter, og tilsæt derefter æggene et ad gangen og pisk godt efter hver tilsætning.
e) Flyt dejen over i en sprøjtepose og hæld éclairs ud på den forberedte bageplade.
f) Bages i cirka 30 minutter eller indtil de er gyldenbrune. Lad afkøle.

FYLDNING:
g) Tilbered kagecreme med kaffesmag. Tilføj kaffe eller espresso til en klassisk wienerbrødscremeopskrift, eller brug en færdiglavet konditorcreme med kaffesmag.
h) Fyld éclairerne med konditorcremen med kaffesmag ved hjælp af en sprøjtepose eller en lille ske.
i) Espresso Bean Crunch Topping:

j) Hak de chokoladeovertrukne espressobønner fint.
k) Drys de hakkede espressobønner generøst over de fyldte éclairs, og sørg for jævn dækning.

KAFFE GLASUR:
l) I en varmefast skål smeltes den mørke chokolade og smør over en dobbeltkoger.
m) Fjern fra varmen, tilsæt pulveriseret sukker og rør gradvist brygget stærk kaffe eller espresso i, indtil det er glat.
n) Dyp toppen af hver éclair i kaffeglasuren, og sørg for jævn dækning. Lad overskydende dryppe af.
o) Læg de glaserede éclairs på en bakke og lad dem køle af, indtil chokoladen er stivnet.
p) Serveres afkølet og nyd den dejlige kombination af kaffesmag og sprød espressobønnetopping i Espresso Bean Crunch Éclairs!

81.Irish Coffee Éclairs

INGREDIENSER:
TIL CHOUX PASTRY:
- 1 kop vand
- 1/2 kop usaltet smør
- 1 kop universalmel
- 4 store æg

TIL FYLDET:
- 2 kopper konditorcreme med irsk kaffesmag
- (Kombiner kaffe, irsk creme og et strejf af whisky i en klassisk konditorcremeopskrift eller brug en færdiglavet konditorcreme med irsk kaffesmag.)

TIL DEN IRSKE KAFFE GLASUR:
- 1/2 kop hvid chokolade, hakket
- 1/4 kop usaltet smør
- 1 kop pulveriseret sukker
- 1-2 spsk Irish cream

INSTRUKTIONER:
CHOUX DÆG:
a) Forvarm din ovn til 375°F (190°C) og beklæd en bageplade med bagepapir.
b) I en gryde kombineres vand og smør. Varm op over medium varme, indtil smørret smelter og blandingen koger.
c) Fjern fra varmen, tilsæt melet og rør kraftigt, indtil blandingen danner en kugle.
d) Lad dejen køle af i et par minutter, og tilsæt derefter æggene et ad gangen og pisk godt efter hver tilsætning.
e) Flyt dejen over i en sprøjtepose og hæld éclairs ud på den forberedte bageplade.
f) Bages i cirka 30 minutter eller indtil de er gyldenbrune. Lad afkøle.

FYLDNING:
g) Forbered konditorcreme med irsk kaffesmag. Kombiner kaffe, Irish cream og et strejf af whisky i en klassisk wienerbrødscremeopskrift eller brug en færdiglavet konditorcreme med irsk kaffesmag.

h) Fyld éclairs med konditorcreme med Irish coffee-smag ved hjælp af en sprøjtepose eller en lille ske.

IRSK KAFFE GLASUR:

i) I en varmefast skål smeltes chokoladen og smørret over en dobbeltkoger.

j) Fjern fra varmen, tilsæt pulveriseret sukker, og rør gradvist Irish cream i, indtil det er glat.

k) Dyp toppen af hver éclair i den irske kaffeglasur, og sørg for jævn dækning. Lad overskydende dryppe af.

l) Læg de glaserede éclairs på en bakke og lad dem køle af, indtil chokoladen er stivnet.

m) Serveres afkølet og nyd den rige og overbærende smag af Irish Coffee Éclairs!

82. Vanilje Latte Éclairs

INGREDIENSER:
TIL CHOUX PASTRY:
- 1 kop vand
- 1/2 kop usaltet smør
- 1 kop universalmel
- 4 store æg

TIL FYLDET:
- 2 kopper konditorcreme med vanilje latte
- (Kombiner vaniljeekstrakt og stærk brygget kaffe eller espresso i en klassisk wienerbrødscremeopskrift eller brug en færdiglavet konditorcreme med vanilje latte-smag.)

TIL KAFFEGLASUREN:
- 1/2 kop mørk chokolade, hakket
- 1/4 kop usaltet smør
- 1 kop pulveriseret sukker
- 1-2 spsk brygget stærk kaffe eller espresso

INSTRUKTIONER:
CHOUX DÆG:
a) Forvarm din ovn til 375°F (190°C) og beklæd en bageplade med bagepapir.
b) I en gryde kombineres vand og smør. Varm op over medium varme, indtil smørret smelter og blandingen koger.
c) Fjern fra varmen, tilsæt melet og rør kraftigt, indtil blandingen danner en kugle.
d) Lad dejen køle af i et par minutter, og tilsæt derefter æggene et ad gangen og pisk godt efter hver tilsætning.
e) Flyt dejen over i en sprøjtepose og hæld éclairs ud på den forberedte bageplade.
f) Bages i cirka 30 minutter eller indtil de er gyldenbrune. Lad afkøle.

FYLDNING:
g) Forbered konditorcreme med vanilje latte. Kombiner vaniljeekstrakt og stærk brygget kaffe eller espresso i en klassisk konditorcremeopskrift, eller brug en færdiglavet konditorcreme med vanilje latte.

h) Fyld éclairerne med konditorcreme med vanilje latte med en sprøjtepose eller en lille ske.

KAFFE GLASUR:

i) I en varmefast skål smeltes den mørke chokolade og smør over en dobbeltkoger.
j) Fjern fra varmen, tilsæt pulveriseret sukker og rør gradvist brygget stærk kaffe eller espresso i, indtil det er glat.
k) Dyp toppen af hver éclair i kaffeglasuren, og sørg for jævn dækning. Lad overskydende dryppe af.
l) Læg de glaserede éclairs på en bakke og lad dem køle af, indtil chokoladen er stivnet.
m) Serveres afkølet og nyd den harmoniske blanding af vanilje- og kaffesmag i Vanilla Latte Éclairs!

83.Karamel Macchiato Éclairs

INGREDIENSER:
TIL CHOUX PASTRY:
- 1 kop vand
- 1/2 kop usaltet smør
- 1 kop universalmel
- 4 store æg

TIL FYLDET:
- 2 kopper karamel macchiato-smagscreme
- (Kombiner karamelsauce og stærk brygget kaffe eller espresso i en klassisk wienerbrødscremeopskrift eller brug en færdiglavet karamel-macchiato-smagscreme.)

TIL KARAMELGLASUREN:
- 1/2 kop karamelsauce
- 1/4 kop usaltet smør
- 1 kop pulveriseret sukker
- 1-2 spsk brygget stærk kaffe eller espresso

INSTRUKTIONER:
CHOUX DÆG:
a) Forvarm din ovn til 375°F (190°C) og beklæd en bageplade med bagepapir.
b) I en gryde kombineres vand og smør. Varm op over medium varme, indtil smørret smelter og blandingen koger.
c) Fjern fra varmen, tilsæt melet og rør kraftigt, indtil blandingen danner en kugle.
d) Lad dejen køle af i et par minutter, og tilsæt derefter æggene et ad gangen og pisk godt efter hver tilsætning.
e) Flyt dejen over i en sprøjtepose og hæld éclairs ud på den forberedte bageplade.
f) Bages i cirka 30 minutter eller indtil de er gyldenbrune. Lad afkøle.

FYLDNING:
g) Tilbered karamel-macchiato-smagscreme. Kombiner karamelsauce og stærk brygget kaffe eller espresso i en klassisk wienerbrødscremeopskrift, eller brug en færdiglavet karamel-macchiato-smagscreme.

h) Fyld éclairs med karamel-macchiato-smagscreme ved hjælp af en sprøjtepose eller en lille ske.

KARAMEL GLASUR:

i) I en gryde kombineres karamelsauce og smør. Varm op over medium varme, indtil blandingen er jævn.
j) Fjern fra varmen, tilsæt pulveriseret sukker og rør gradvist brygget stærk kaffe eller espresso i, indtil det er glat.
k) Dyp toppen af hver éclair i karamelglasuren, og sørg for jævn dækning. Lad overskydende dryppe af.
l) Læg de glaserede éclairs på en bakke og lad dem køle af, indtil karamellen er stivnet.

84.Hasselnøddekaffe Éclairs

INGREDIENSER:
TIL CHOUX PASTRY:
- 1 kop vand
- 1/2 kop usaltet smør
- 1 kop universalmel
- 4 store æg

TIL FYLDET:
- 2 kopper kagecreme med hasselnøddekaffe
- (Kombiner hasselnøddeekstrakt og stærk brygget kaffe eller espresso i en klassisk wienerbrødscremeopskrift eller brug en færdiglavet kagecreme med hasselnøddekaffesmag.)

TIL HASSELNØDDE KAFFEGLASUREN:
- 1/2 kop mørk chokolade, hakket
- 1/4 kop usaltet smør
- 1 kop pulveriseret sukker
- 1-2 spsk brygget stærk hasselnøddekaffe eller espresso

INSTRUKTIONER:
CHOUX DÆG:
a) Forvarm din ovn til 375°F (190°C) og beklæd en bageplade med bagepapir.
b) I en gryde kombineres vand og smør. Varm op over medium varme, indtil smørret smelter og blandingen koger.
c) Fjern fra varmen, tilsæt melet og rør kraftigt, indtil blandingen danner en kugle.
d) Lad dejen køle af i et par minutter, og tilsæt derefter æggene et ad gangen og pisk godt efter hver tilsætning.
e) Flyt dejen over i en sprøjtepose og hæld éclairs ud på den forberedte bageplade.
f) Bages i cirka 30 minutter eller indtil de er gyldenbrune. Lad afkøle.

FYLDNING:
g) Forbered konditorcreme med hasselnøddekaffesmag. Kombiner hasselnøddeekstrakt og stærk brygget hasselnøddekaffe eller espresso i en klassisk wienerbrødscremeopskrift, eller brug en færdiglavet kagecreme med hasselnøddekaffesmag.

h) Fyld éclairs med konditorcreme med hasselnøddekaffesmag ved hjælp af en sprøjtepose eller en lille ske.

HASSELNØDDE KAFFEGLASUR:

i) I en varmefast skål smeltes den mørke chokolade og smør over en dobbeltkoger.
j) Fjern fra varmen, tilsæt pulveriseret sukker, og rør gradvist brygget stærk hasselnøddekaffe eller espresso i, indtil det er glat.
k) Dyp toppen af hver éclair i hasselnøddekaffeglasuren, og sørg for jævn dækning. Lad overskydende dryppe af.
l) Læg de glaserede éclairs på en bakke og lad dem køle af, indtil chokoladen er stivnet.
m) Serveres afkølet og nyd den rige kombination af hasselnødder og kaffesmag i Hazelnut Coffee Éclairs!

OSTTEDE ECLAIRS

85. Blueberry Cheesecake Éclair

INGREDIENSER:
TIL CHOUX PASTRY:
- 1 kop vand
- 1/2 kop usaltet smør
- 1 kop universalmel
- 4 store æg

TIL OSTEKAGEFYLDET:
- 2 kopper flødeost, blødgjort
- 1 kop pulveriseret sukker
- 1 tsk vaniljeekstrakt
- 1 kop blåbærkompot (hjemmelavet eller købt i butikken)

TIL BLÅBÆR GLASUREN:
- 1 kop friske blåbær
- 1/4 kop granuleret sukker
- 1 spsk citronsaft

INSTRUKTIONER:
CHOUX DÆG:
a) Forvarm din ovn til 375°F (190°C) og beklæd en bageplade med bagepapir.
b) I en gryde kombineres vand og smør. Varm op over medium varme, indtil smørret smelter og blandingen koger.
c) Fjern fra varmen, tilsæt melet og rør kraftigt, indtil blandingen danner en kugle.
d) Lad dejen køle af i et par minutter, og tilsæt derefter æggene et ad gangen og pisk godt efter hver tilsætning.
e) Flyt dejen over i en sprøjtepose og sprøjt éclair-formene ud på den forberedte bageplade.
f) Bages i cirka 30 minutter eller indtil de er gyldenbrune. Lad afkøle.

OSTEKAGEFYLD:
g) Pisk den blødgjorte flødeost i en røreskål, indtil den er glat.
h) Tilsæt pulveriseret sukker og vaniljeekstrakt, og fortsæt med at piske, indtil det er godt blandet.
i) Fyld en sprøjtepose med cheesecakefyldet.
j) Når éclairerne er afkølet, laver du et lille snit på den ene side af hver éclair og rører cheesecake-fyldet ind i midten.

k) Hæld blåbærkompot over cheesecakefyldet.

BLÅBÆR GLASUR:
l) Kombiner friske blåbær, granuleret sukker og citronsaft i en gryde.
m) Kog over medium varme, indtil blåbærene brister, og blandingen tykner til en glasur.
n) Si glasuren for at fjerne frø og skind.
o) Lad blåbærglasuren køle lidt af.
p) Hæld blåbærglasuren over de fyldte éclairs.
q) Stil de glaserede éclairs i køleskabet, så glasuren kan sætte sig.
r) Serveres afkølet og nyd den lækre kombination af blåbær og cheesecake i Blueberry Cheesecake Éclair!

86.Gouda glaserede Eclairs

INGREDIENSER:
- 1 kop vand
- 1/2 kop usaltet smør
- 1 kop universalmel
- 4 store æg
- 1/2 tsk salt
- 1 kop revet Gouda ost

TIL FYLDET:
- 2 kopper flødeost
- 1/2 kop pulveriseret sukker
- 1 tsk vaniljeekstrakt

TIL GLASUREN:
- 1 kop Gouda ost, revet
- 1/2 kop tung fløde
- 1 kop pulveriseret sukker
- 1 tsk vaniljeekstrakt

INSTRUKTIONER:
ECLAIR KONSTIG:
a) Forvarm din ovn til 400°F (200°C). Beklæd en bageplade med bagepapir.
b) Kombiner vand, smør og salt i en mellemstor gryde. Bring det i kog ved middel varme.
c) Tilsæt melet på én gang under kraftig omrøring, indtil blandingen danner en kugle. Fjern fra varmen og lad det køle af i et par minutter.
d) Pisk æggene i, et ad gangen, til dejen er glat.
e) Rør den revne Gouda ost i, indtil det er godt blandet.
f) Overfør dejen til en konditorpose udstyret med en stor rund spids. Rør 4-tommer strimler på den forberedte bageplade.
g) Bages i 15-20 minutter eller indtil de er gyldenbrune og hævede. Lad eclairerne køle helt af.

FYLDNING:
h) I en røreskål pisk flødeost, flormelis og vaniljeekstrakt sammen, indtil det er glat.
i) Når eclairerne er afkølet, skærer du dem i halve vandret, og rør eller hæld flødeostfyldet i de nederste halvdele.

GLASUR:
j) I en lille gryde kombineres Gouda-osten, tung fløde, pulveriseret sukker og vaniljeekstrakt ved lav varme.
k) Rør indtil osten er smeltet, og glasuren er glat. Fjern fra varmen.
l) Dryp glasuren over de fyldte eclairs.
m) Server og nyd!
n) Gouda Glazed Eclairs er klar til at blive nydt. Server dem afkølet og nyd den dejlige kombination af cremet fyld og osteagtig glasur.

87. Raspberry Swirl Cheesecake Eclairs

INGREDIENSER:
TIL CHOUX PASTRY:
- 1 kop vand
- 1/2 kop usaltet smør
- 1 kop universalmel
- 4 store æg
- 1/2 tsk salt

TIL OSTEKAGEFYLDET:
- 2 kopper flødeost, blødgjort
- 1/2 kop granuleret sukker
- 1 tsk vaniljeekstrakt

TIL HINDBÆRSVIRLINGEN:
- 1 kop friske eller frosne hindbær
- 1/4 kop granuleret sukker
- 1 spsk vand

TIL GLASUREN:
- 1 kop pulveriseret sukker
- 2 spsk mælk
- 1/2 tsk vaniljeekstrakt

INSTRUKTIONER:
CHOUX DÆG:
a) Forvarm din ovn til 400°F (200°C). Beklæd en bageplade med bagepapir.
b) I en mellemstor gryde bringes vand og smør i kog over medium varme.
c) Tilsæt mel og salt under konstant omrøring, indtil blandingen danner en kugle.
d) Fjern fra varmen og lad det køle af i et par minutter.
e) Pisk æggene i et ad gangen, indtil dejen er glat.
f) Overfør dejen til en konditorpose udstyret med en stor rund spids. Rør 4-tommer strimler på den forberedte bageplade.
g) Bages i 15-20 minutter eller indtil de er gyldenbrune og hævede. Lad eclairerne køle helt af.

OSTEKAGEFYLD:
h) I en røreskål pisk flødeost, sukker og vaniljeekstrakt sammen, indtil det er glat.

i) Når eclairerne er afkølet, skæres de i halve vandret, og ostekagefyldet røres eller hældes i de nederste halvdele.

HINDNBÆRSVIRLIGE:

j) Kombiner hindbær, sukker og vand i en lille gryde. Kog over medium varme, indtil hindbærene nedbrydes og blandingen tykner.

k) Si hindbærblandingen for at fjerne frø, og efterlader en glat hindbærsauce.

MONTAGE:

l) Hæld hindbærsaucen over cheesecakefyldet i hver eclair.

m) Sæt de øverste halvdele af eclairen på igen.

GLASUR:

n) I en lille skål piskes pulveriseret sukker, mælk og vaniljeekstrakt sammen, indtil det er glat.

o) Dryp glasuren over de samlede eclairs.

p) Afkøl og server:

q) Stil Raspberry Swirl Cheesecake Eclairs på køl i mindst en time før servering. Nyd den dejlige kombination af cremet cheesecake, syrlig hindbærspiral og den lette choux-dej!

88. Chokolade Marmor Cheesecake Eclairs

INGREDIENSER:
TIL CHOUX PASTRY:
- 1 kop vand
- 1/2 kop usaltet smør
- 1 kop universalmel
- 4 store æg
- 1/2 tsk salt

TIL OSTEKAGEFYLDET:
- 2 kopper flødeost, blødgjort
- 1/2 kop granuleret sukker
- 1 tsk vaniljeekstrakt

TIL CHOKOLADE MARMOR SWIRL:
- 1/2 kop halvsøde chokoladechips
- 2 spsk usaltet smør

TIL CHOKOLADE GLASUREN:
- 1/2 kop halvsøde chokoladechips
- 1/4 kop tung fløde
- 2 spsk pulveriseret sukker

INSTRUKTIONER:
CHOUX DÆG:
a) Forvarm din ovn til 400°F (200°C). Beklæd en bageplade med bagepapir.
b) I en mellemstor gryde bringes vand og smør i kog over medium varme.
c) Tilsæt mel og salt under konstant omrøring, indtil blandingen danner en kugle.
d) Fjern fra varmen og lad det køle af i et par minutter.
e) Pisk æggene i et ad gangen, indtil dejen er glat.
f) Overfør dejen til en konditorpose udstyret med en stor rund spids. Rør 4-tommer strimler på den forberedte bageplade.
g) Bages i 15-20 minutter eller indtil de er gyldenbrune og hævede. Lad eclairerne køle helt af.

OSTEKAGEFYLD:
h) I en røreskål pisk flødeost, sukker og vaniljeekstrakt sammen, indtil det er glat.

i) Når eclairerne er afkølet, skæres de i halve vandret, og ostekagefyldet røres eller hældes i de nederste halvdele.

CHOKOLADE MARMOR SVIRL:
j) Smelt chokoladechips og smør i en varmefast skål over kogende vand eller i mikroovnen.
k) Dryp den smeltede chokoladeblanding over cheesecakefyldet i hver eclair. Brug en tandstik til at skabe et marmor hvirvelmønster.

CHOKOLADE GLASUR:
l) I en lille gryde, opvarm chokoladechips, tung fløde og pulveriseret sukker over lav varme, omrør indtil glat.
m) Dryp chokoladeglasuren over de samlede eclairs.
n) Afkøl og server:
o) Stil Chocolate Marble Cheesecake Eclairs på køl i mindst en time før servering. Nyd den lækre kombination af cremet cheesecake, chokolademarmorspiral og det lette choux-dej!

89.Saltet karamel cheesecake Eclair

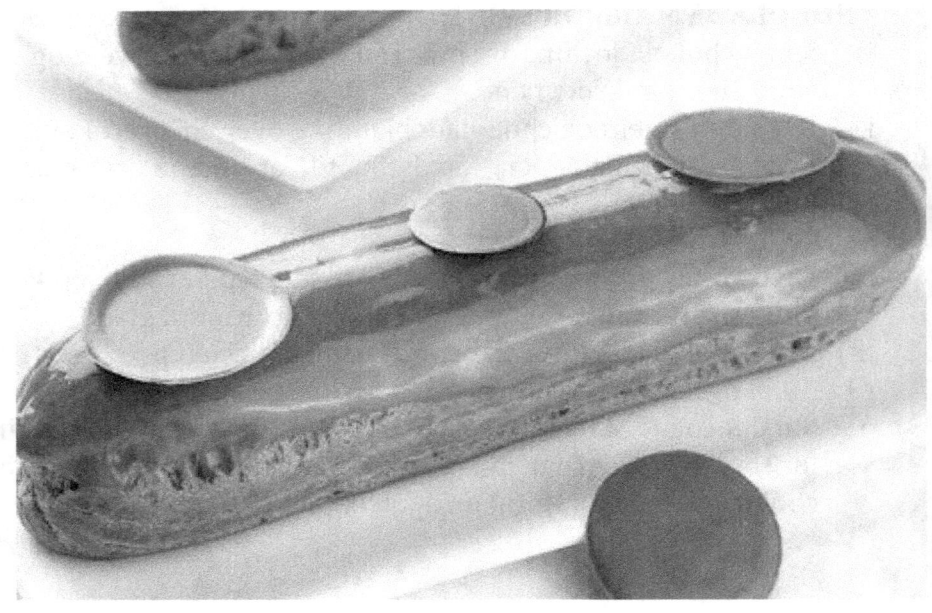

INGREDIENSER:
TIL CHOUX PASTRY:
- 1 kop vand
- 1/2 kop usaltet smør
- 1 kop universalmel
- 4 store æg
- 1/2 tsk salt

TIL OSTEKAGEFYLDET:
- 2 kopper flødeost, blødgjort
- 1/2 kop granuleret sukker
- 1 tsk vaniljeekstrakt

TIL DEN SALTEDE KARAMELSAUCE:
- 1 kop granuleret sukker
- 1/4 kop vand
- 1/2 kop usaltet smør
- 1/2 kop tung fløde
- 1 tsk havsalt

INSTRUKTIONER:
CHOUX DÆG:
a) Forvarm din ovn til 400°F (200°C). Beklæd en bageplade med bagepapir.
b) I en mellemstor gryde bringes vand og smør i kog over medium varme.
c) Tilsæt mel og salt under konstant omrøring, indtil blandingen danner en kugle.
d) Fjern fra varmen og lad det køle af i et par minutter.
e) Pisk æggene i et ad gangen, indtil dejen er glat.
f) Overfør dejen til en konditorpose udstyret med en stor rund spids. Rør 4-tommer strimler på den forberedte bageplade.
g) Bages i 15-20 minutter eller indtil de er gyldenbrune og hævede. Lad eclairerne køle helt af.

OSTEKAGEFYLD:
h) I en røreskål pisk flødeost, sukker og vaniljeekstrakt sammen, indtil det er glat.
i) Når eclairerne er afkølet, skæres de i halve vandret, og ostekagefyldet røres eller hældes i de nederste halvdele.

SALT KARAMELSAUCE:
j) I en gryde kombineres sukker og vand ved middel varme. Rør indtil sukkeret er opløst.
k) Lad blandingen koge, hvirvl af og til, indtil den bliver ravfarvet.
l) Tilsæt smørret og rør til det er smeltet. Hæld langsomt den tunge fløde i under konstant omrøring.
m) Fjern fra varmen og rør havsalt i. Lad karamelsaucen køle lidt af.

MONTAGE:
n) Dryp den saltede karamelsauce over cheesecakefyldet i hver eclair.
o) Sæt de øverste halvdele af eclairen på igen.
p) Sæt Salted Caramel Cheesecake Eclairs på køl i mindst en time før servering. Nyd den himmelske kombination af cremet cheesecake, rig saltet karamel og det lette choux-dej!

90.Pistacie Praline Cheesecake Eclairs

INGREDIENSER:
TIL CHOUX PASTRY:
- 1 kop vand
- 1/2 kop usaltet smør
- 1 kop universalmel
- 4 store æg
- 1/2 tsk salt

TIL OSTEKAGEFYLDET:
- 2 kopper flødeost, blødgjort
- 1/2 kop granuleret sukker
- 1 tsk vaniljeekstrakt

TIL PISTACHIEPRALINEN:
- 1/2 kop afskallede pistacienødder, finthakkede
- 1/2 kop granuleret sukker
- 2 spsk vand

TIL GLASUREN:
- 1/2 kop pulveriseret sukker
- 2 spsk mælk
- 1/4 kop hakkede pistacienødder (til pynt)

INSTRUKTIONER:
CHOUX DÆG:
a) Forvarm din ovn til 400°F (200°C). Beklæd en bageplade med bagepapir.
b) I en mellemstor gryde bringes vand og smør i kog over medium varme.
c) Tilsæt mel og salt under konstant omrøring, indtil blandingen danner en kugle.
d) Fjern fra varmen og lad det køle af i et par minutter.
e) Pisk æggene i et ad gangen, indtil dejen er glat.
f) Overfør dejen til en konditorpose udstyret med en stor rund spids. Rør 4-tommer strimler på den forberedte bageplade.
g) Bages i 15-20 minutter eller indtil de er gyldenbrune og hævede. Lad eclairerne køle helt af.

OSTEKAGEFYLD:
h) I en røreskål pisk flødeost, sukker og vaniljeekstrakt sammen, indtil det er glat.

i) Når eclairerne er afkølet, skæres de i halve vandret, og ostekagefyldet røres eller hældes i de nederste halvdele.

PISTACIE PRALINE:

j) I en gryde kombineres sukker og vand ved middel varme. Rør indtil sukkeret er opløst.

k) Lad blandingen koge, hvirvl af og til, indtil den bliver gyldenbrun.

l) Rør de finthakkede pistacienødder i, og hæld derefter straks pistaciepralinen på en pergamentbeklædt overflade for at afkøle og stivne.

m) Når den er afkølet, brækkes pralinen i små stykker.

MONTAGE:

n) Drys pistaciepralinestykkerne over cheesecakefyldet i hver eclair.

o) Sæt de øverste halvdele af eclairen på igen.

GLASUR:

p) I en lille skål piskes pulveriseret sukker og mælk sammen, indtil det er glat.

q) Dryp glasuren over de samlede eclairs.

PYNT:

r) Drys hakkede pistacienødder ovenpå for en ekstra pistacieknas.

s) Stil Pistachio Praline Cheesecake Eclairs på køl i mindst en time før servering. Nyd den dejlige kombination af cremet cheesecake, pistaciepraline og det lette choux-dej!

91. Coconut Cream Cheesecake Eclairs

INGREDIENSER:
TIL CHOUX PASTRY:
- 1 kop vand
- 1/2 kop usaltet smør
- 1 kop universalmel
- 4 store æg
- 1/2 tsk salt

TIL OSTEKAGEFYLDET:
- 2 kopper flødeost, blødgjort
- 1/2 kop granuleret sukker
- 1 tsk vaniljeekstrakt

TIL KOKOSCREMEFYLDET:
- 1 kop kokosfløde
- 1/4 kop pulveriseret sukker
- 1/2 tsk kokosnøddeekstrakt

TIL KOKOSTOPPINGEN:
- 1 kop revet kokosnød, ristet

INSTRUKTIONER:
CHOUX DÆG:
a) Forvarm din ovn til 400°F (200°C). Beklæd en bageplade med bagepapir.
b) I en mellemstor gryde bringes vand og smør i kog over medium varme.
c) Tilsæt mel og salt under konstant omrøring, indtil blandingen danner en kugle.
d) Fjern fra varmen og lad det køle af i et par minutter.
e) Pisk æggene i et ad gangen, indtil dejen er glat.
f) Overfør dejen til en konditorpose udstyret med en stor rund spids. Rør 4-tommer strimler på den forberedte bageplade.
g) Bages i 15-20 minutter eller indtil de er gyldenbrune og hævede. Lad eclairerne køle helt af.

OSTEKAGEFYLD:
h) I en røreskål pisk flødeost, sukker og vaniljeekstrakt sammen, indtil det er glat.
i) Når eclairerne er afkølet, skæres de i halve vandret, og ostekagefyldet røres eller hældes i de nederste halvdele.

KOKOSCREMEFYLD:
j) Pisk kokosfløde, pulveriseret sukker og kokosnøddeekstrakt i en separat skål, indtil der dannes bløde toppe.
k) Vend forsigtigt kokosflødeblandingen ind i cheesecakefyldet.

MONTAGE:
l) Sprøjt eller hæld det kokos-infunderede cheesecake-fyld i de nederste halvdele af eclairs.
m) Sæt de øverste halvdele af eclairen på igen.

KOKOSTOPPING:
n) Rist strimlet kokosnød i en tør pande ved middel varme, indtil den er gyldenbrun.
o) Drys den ristede revne kokos over de fyldte eclairs for en dejlig kokosnøddeknas.
p) Stil Coconut Cream Cheesecake Eclairs på køl i mindst en time før servering. Nyd den tropiske smag af kokosnød kombineret med den cremede cheesecake og let choux wienerbrød!

92.Strawberry Cheesecake Eclairs

INGREDIENSER:
TIL CHOUX PASTRY:
- 1 kop vand
- 1/2 kop usaltet smør
- 1 kop universalmel
- 4 store æg
- 1/2 tsk salt

TIL OSTEKAGEFYLDET:
- 2 kopper flødeost, blødgjort
- 1/2 kop granuleret sukker
- 1 tsk vaniljeekstrakt

TIL JORDBÆRFYLDET:
- 1 kop friske jordbær, skrællet og hakket
- 2 spsk granuleret sukker

TIL JORDBÆR GLASUREN:
- 1 kop friske jordbær, afskallet og pureret
- 1/4 kop pulveriseret sukker

INSTRUKTIONER:
CHOUX DÆG:
a) Forvarm din ovn til 400°F (200°C). Beklæd en bageplade med bagepapir.
b) I en mellemstor gryde bringes vand og smør i kog over medium varme.
c) Tilsæt mel og salt under konstant omrøring, indtil blandingen danner en kugle.
d) Fjern fra varmen og lad det køle af i et par minutter.
e) Pisk æggene i et ad gangen, indtil dejen er glat.
f) Overfør dejen til en konditorpose udstyret med en stor rund spids. Rør 4-tommer strimler på den forberedte bageplade.
g) Bages i 15-20 minutter eller indtil de er gyldenbrune og hævede. Lad eclairerne køle helt af.

OSTEKAGEFYLD:
h) I en røreskål pisk flødeost, sukker og vaniljeekstrakt sammen, indtil det er glat.
i) Når eclairerne er afkølet, skæres de i halve vandret, og ostekagefyldet røres eller hældes i de nederste halvdele.

JORDBÆR FYLD:
j) I en separat skål kombineres hakkede jordbær og granuleret sukker.
k) Lad dem macerere i cirka 15 minutter.

MONTAGE:
l) Hæld den macererede jordbærblanding over cheesecakefyldet i hver eclair.
m) Sæt de øverste halvdele af eclairen på igen.

JORDBÆR GLASUR:
n) Purér friske jordbær og bland med pulveriseret sukker for at skabe en glat glasur.
o) Dryp jordbærglasuren over de samlede eclairs.
p) Stil Strawberry Cheesecake Eclairs på køl i mindst en time før servering. Nyd den lækre kombination af cremet cheesecake, søde jordbær og det lette choux wienerbrød!

93. Lemon Cheesecake Eclairs

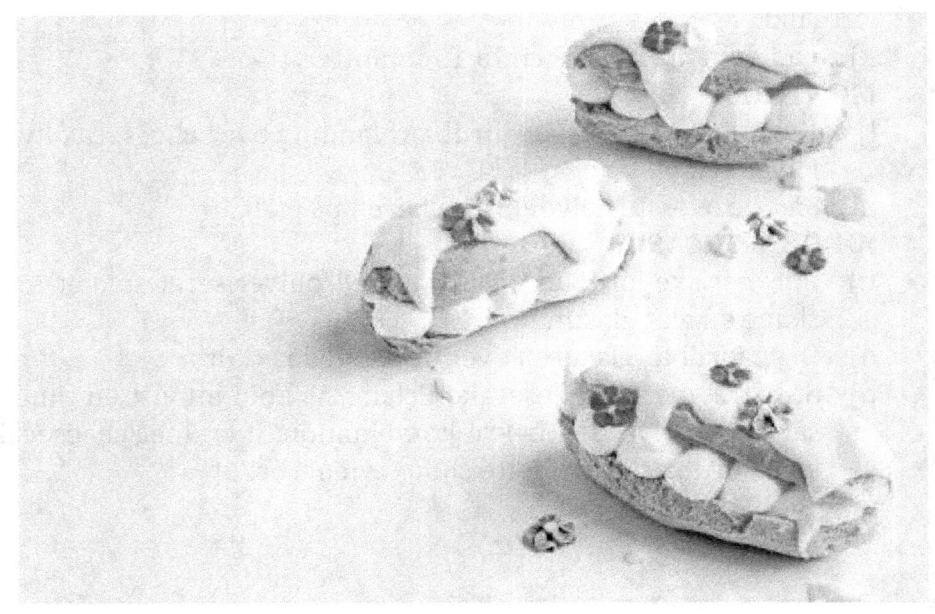

INGREDIENSER:
TIL CHOUX PASTRY:
- 1 kop vand
- 1/2 kop usaltet smør
- 1 kop universalmel
- 4 store æg
- 1/2 tsk salt

TIL CITRONOSEKAGEFYLDET:
- 2 kopper flødeost, blødgjort
- 1/2 kop granuleret sukker
- Skal af 2 citroner
- 1 spsk citronsaft
- 1 tsk vaniljeekstrakt

TIL CITRONGLASUREN:
- 1 kop pulveriseret sukker
- 2 spsk citronsaft
- Skal af 1 citron

INSTRUKTIONER:
CHOUX DÆG:
a) Forvarm din ovn til 400°F (200°C). Beklæd en bageplade med bagepapir.
b) I en mellemstor gryde bringes vand og smør i kog over medium varme.
c) Tilsæt mel og salt under konstant omrøring, indtil blandingen danner en kugle.
d) Fjern fra varmen og lad det afkøle i et par minutter.
e) Pisk æggene i et ad gangen, indtil dejen er glat.
f) Overfør dejen til en kagepose udstyret med en stor rund spids. Rør 4-tommer strimler på den forberedte bageplade.
g) Bages i 15-20 minutter eller indtil de er gyldenbrune og hævede. Lad eclairerne køle helt af.

CITRONOSEKAGEFYLD:
h) I en røreskål pisk flødeost, sukker, citronskal, citronsaft og vaniljeekstrakt sammen, indtil det er glat.
i) Når eclairerne er afkølet, skæres de i halve vandret, og citronfromagefyldet røres eller hældes i de nederste halvdele.

CITRON GLASUR:
j) I en lille skål piskes pulveriseret sukker, citronsaft og citronskal sammen, indtil det er glat.
k) Dryp citronglasuren over de samlede eclairs.
l) Stil Lemon Cheesecake Eclairs på køl i mindst en time før servering. Nyd den forfriskende kombination af cremet citronfromage og det lette choux-dej!

ECLAIR INSPIREREDE OPSKRIFTER

94.Banan eclair croissanter

INGREDIENSER:
- 4 Frosne croissanter
- 2 Firkanter halvsød chokolade
- 1 spsk Smør
- ¼ kop sigtet konditorsukker
- 1 tsk varmt vand; op til 2
- 1 kop vaniljebudding
- 2 medium bananer; skåret i skiver

INSTRUKTIONER:
a) Skær frosne croissanter i halve på langs; tage afsted sammen. Opvarm frosne croissanter på en usmurt bageplade ved forvarmet 325°F. ovn 9-11 minutter.
b) Smelt chokolade og smør sammen. Rør sukker og vand i for at lave smørbar glasur.
c) Fordel ¼ kop budding på hver croissants nederste halvdel. Top med skivede bananer.
d) Udskift croissant toppe; dryp på chokoladeglasur.
e) Tjene.

95.Cream Puffs og Éclairs ringkage

INGREDIENSER:
- 1 kop lunkent vand
- 4 spsk (½ stang) usaltet smør, skåret i stykker
- 1 kop ubleget universalmel eller glutenfrit mel
- 4 store æg, ved stuetemperatur
- Salt vaniljefrossencreme eller salt gedemælkchokoladefrossencreme
- Chokoladeglasur (brug 4 spsk sødmælk)

INSTRUKTIONER:
a) Forvarm ovnen til 400°F.
b) Kom vand og smør i en mellemtyk gryde og bring det i kog under omrøring for at smelte smørret. Hæld alt melet i og bland indtil blandingen danner en kugle.
c) Tag af varmen og pisk æggene i et ad gangen med en el-mixer.

TIL FREMEPUFTER
d) Hæld seks 4-tommer individuelle bunker af dej på en usmurt bageplade (for mindre sug, lav tolv 2-tommer bunker). Bages indtil gyldenbrune, cirka 45 minutter. Tag ud af ovnen og lad afkøle.

TIL ÉCLAIRS
e) Sæt en wienerbrødspose med en ¼-tommer almindelig spids, og rør derefter seks til tolv 4-tommers strimler på et usmurt bagepapir. Bages indtil gyldenbrune, cirka 45 minutter. Tag ud af ovnen og lad afkøle.

TIL EN RINGKAGE
f) Drop selv skefulde dej på en usmurt bageplade for at lave en 12-tommer oval. Bages indtil gyldenbrune, 45 til 50 minutter. Tag ud af ovnen og lad afkøle.

AT SAMLE
g) Forbered glasuren. Skær cremebrødene, éclairs eller ringkagen i halve. Fyld med isen, og sæt toppen(e) på igen.
h) Til flødepuster dyppes toppen af hver puf i chokoladen. Til éclairs, hæld generøst glasuren over dem. Til ringkagen røres yderligere 5 spsk mælk i glasuren; dryp det over ringkagen.
i) Til servering skal du arrangere kager eller skiver af kagen på tallerkener.

96.Chokolade mandel Croissant Éclairs

INGREDIENSER:
TIL PÂTE À CHOUX:
- 1/2 kop vand
- 1/2 kop sødmælk
- 1/2 kop usaltet smør, i tern
- 1/2 tsk salt
- 1 tsk sukker
- 1 kop universalmel
- 4 store æg, stuetemperatur

TIL CHOKOLADEMANDELFYLDET :
- 1 kop tung fløde
- 1 kop halvsød chokoladechips
- 1/2 kop mandelsmør

TIL CHOKOLADE GLASUREN:
- 1/2 kop halvsød chokoladechips
- 2 spsk usaltet smør
- 1 spsk majssirup

INSTRUKTIONER

a) Forvarm ovnen til 375°F. Beklæd en bageplade med bagepapir.
b) I en mellemstor gryde kombineres vand, mælk, smør, salt og sukker. Varm op over medium varme, indtil smørret er smeltet og blandingen koger op.
c) Tilsæt melet på én gang og rør kraftigt med en træske, indtil blandingen danner en kugle og trækker sig væk fra siderne af gryden.
d) Tag gryden af varmen og lad afkøle i 5 minutter.
e) Tilsæt æggene et ad gangen, pisk godt efter hver tilsætning, indtil blandingen er glat og blank.
f) Sæt en kagepose med en stor rund spids og fyld med choux-dejen.
g) Sprøjt dejen ud på den forberedte bageplade og danner 6-tommer lange éclairs.
h) Bages i 25-30 minutter, eller indtil de er gyldenbrune og hævede.
i) Tag ud af ovnen og lad køle helt af.

j) Opvarm den tunge fløde i en mellemstor gryde, indtil den lige koger.
k) Tag af varmen og tilsæt chokoladechips og mandelsmør. Rør indtil chokoladen er smeltet og blandingen er jævn.
l) Skær en lille slids i bunden af hver éclair og rør fyldet ind i midten.
m) I en lille gryde smeltes chokoladechips, smør og majssirup ved lav varme, under konstant omrøring, indtil det er glat.
n) Dyp toppen af hver éclair i chokoladeglasuren og læg den på en rist for at sætte sig.
o) Valgfrit: Drys med snittede mandler.

97. Chokolade Éclair barer

INGREDIENSER:
TIL ÉCLAIRS:
- 15 til 20 veganske Graham-kiks, delt
- 3½ kopper mandelmælk eller anden plantebaseret mælk
- 2 (3,4 ounce) pakker instant vegansk vaniljepuddingblanding
- 3 kopper kokosflødeskum eller købt i butikken

TIL TOPPINGEN:
- ¼ kop mælkefri chokoladechips
- 2 spsk vegansk smør, ved stuetemperatur
- 1½ kopper pulveriseret sukker
- 3 spsk mandelmælk eller anden plantebaseret mælk
- 1 tsk lys majssirup
- 1 tsk vaniljeekstrakt

INSTRUKTIONER:
GØR ÉCLAIRS:
a) I en 9-x-13-tommer bradepande, lag halvdelen af kiksene, brække i halve, hvis det er nødvendigt for at passe.
b) I en stor skål kombineres mælken og instant buddingblandingen. Pisk i 2 minutter. Lad stå i 2 til 3 minutter. Vend forsigtigt flødeskummet i, pas på ikke at tømme luften ud, og fordel jævnt over laget af kiks. Top med de resterende kiks og stil på køl.

LAV TOPPINGEN:
c) I en varmefast glasskål sat over en gryde fyldt med 2 til 3 tommer kogende vand, opvarm chokoladechips og smør, omrør ofte, indtil de er smeltet.
d) Rør sukker, mælk, majssirup og vanilje i.
e) Fordel over laget af kiks, dæk til og stil på køl i mindst 8 timer.
f) Når du er klar til servering, skæres i firkanter.

98.Chokolade Eclair kage

INGREDIENSER:

- 1 æske eller hele grahams kiks
- 2 små æsker fransk vanilje instant budding
- 3 kopper mælk
- 18 oz. beholder Cool Whip
- 1 dåse mælkechokolade frosting

INSTRUKTIONER:
MIXET:
a) Kombiner budding, mælk og Cool Whip. Rør til det er tyknet.
LAGENE:
b) I bunden af en 9x13 pande laver du et lag graham-kiks.
c) Hæld halvdelen af buddingblandingen oven på kiksene.
d) Læg endnu et lag graham-crackers oven på blandingen.
e) Hæld den resterende halvdel af blandingen oven på graham-kiksene.
f) Tilføj et sidste lag graham-crackers oven på blandingen.
FRISTINGEN:
g) Smør hele overfladen med mælkechokoladefrosting.
DEN STORE CHILL:
h) Afkøl natten over, så smagen smelter sammen og desserten stivner.
i) God fornøjelse!

99.Pistacie Rose Éclair kage

INGREDIENSER:
TIL CHOUX PASTRY:
- 1 kop vand
- 1/2 kop usaltet smør
- 1 kop universalmel
- 4 store æg

TIL FYLDET:
- 2 kopper pistacie-rose-smagscreme

TIL GLASUREN:
- 1/2 kop hvid chokolade, hakket
- 1/4 kop usaltet smør
- Et par dråber rosenvand eller rosenekstrakt
- knuste pistacienødder (til pynt)

INSTRUKTIONER:
CHOUX DÆG:
a) Forvarm din ovn til 375°F (190°C) og beklæd en bageplade med bagepapir.
b) I en gryde kombineres vand og smør. Varm op over medium varme, indtil smørret smelter og blandingen koger.
c) Fjern fra varmen, tilsæt melet og rør kraftigt, indtil blandingen danner en kugle.
d) Lad dejen køle af i et par minutter, og tilsæt derefter æggene et ad gangen og pisk godt efter hver tilsætning.
e) Flyt dejen over i en sprøjtepose og sprøjt éclair-formene ud på den forberedte bageplade.
f) Bages i cirka 30 minutter eller indtil de er gyldenbrune. Lad afkøle.

FYLDNING:
g) Forbered pistacie-rose-smagscreme. Kombiner malede pistacienødder og et strejf af rosenvand eller roseekstrakt i en klassisk wienerbrødscremeopskrift eller brug en færdiglavet pistacie-rose-smagscreme.
h) Fyld éclairs med pistacie-rose-smagscreme med en sprøjtepose eller en lille ske.

GLASUR:

i) I en varmefast skål smeltes den hvide chokolade og smør over en dobbeltkoger.
j) Fjern fra varmen, tilsæt et par dråber rosenvand eller rosenekstrakt, og rør til det er glat.
k) Dyp toppen af hver éclair i den hvide chokoladeglasur, og sørg for jævn dækning. Lad overskydende dryppe af.
l) Drys knuste pistacienødder over de glaserede éclairs til pynt.
m) Stil de glaserede éclairs i køleskabet, så glasuren kan sætte sig.
n) Serveres afkølet og nyd den unikke kombination af pistacie- og rosesmag i Pistachio Rose Éclair Cake!

100. Ahorn Bacon Éclair Bites

INGREDIENSER:
TIL CHOUX PASTRY:
- 1 kop vand
- 1/2 kop usaltet smør
- 1 kop universalmel
- 4 store æg

TIL FYLDET:
- 2 kopper konditorcreme med ahornsmag
- (Kombiner ahornsirup eller ahornekstrakt i en klassisk wienerbrødscremeopskrift eller brug en færdiglavet konditorcreme med ahornsmag.)

TIL BACONTOPPING:
- 1/2 kop kogt og smuldret bacon

TIL Ahornglasuren:
- 1/2 kop ahornsirup
- 1/4 kop usaltet smør
- 1 kop pulveriseret sukker

INSTRUKTIONER:
CHOUX DÆG:
a) Forvarm din ovn til 375°F (190°C) og beklæd en bageplade med bagepapir.
b) I en gryde kombineres vand og smør. Varm op over medium varme, indtil smørret smelter og blandingen koger.
c) Fjern fra varmen, tilsæt melet og rør kraftigt, indtil blandingen danner en kugle.
d) Lad dejen køle af i et par minutter, og tilsæt derefter æggene et ad gangen og pisk godt efter hver tilsætning.
e) Flyt dejen over i en sprøjtepose og hæld éclairs ud på den forberedte bageplade.
f) Bages i cirka 30 minutter eller indtil de er gyldenbrune. Lad afkøle.

FYLDNING:
g) Forbered konditorcreme med ahornsmag. Kombiner ahornsirup eller ahornekstrakt i en klassisk wienerbrødscremeopskrift eller brug en færdiglavet konditorcreme med ahornsmag.

h) Fyld éclairs med konditorcreme med ahornsmag ved hjælp af en sprøjtepose eller en lille ske.

BACON TOPPING:
i) Kog bacon til det er sprødt, og smuldr det derefter i små stykker.
j) Drys den smuldrede bacon generøst over de fyldte éclairs, og sørg for ensartet dækning.

Ahorn GLASUR:
k) I en gryde kombineres ahornsirup og smør. Varm op over medium varme, indtil blandingen er jævn.
l) Fjern fra varmen, tilsæt pulveriseret sukker og rør, indtil glasuren er godt blandet.
m) Dryp ahornglasuren over de bacontoppede éclairs, og sørg for jævn dækning.
n) Serveres afkølet og nyd den søde og salte smag af Maple Bacon Éclair Bites!

KONKLUSION

Når vi afslutter vores dejlige rejse gennem "de ULTIMAT FRANSK ÉCLAIRS LEDELSE", håber vi, at du har oplevet glæden ved at mestre éclair-kunsten og skabe disse franske lækkerier i dit eget køkken. Hver opskrift på disse sider er en fejring af den præcision, elegance og overbærenhed, som éclairs bringer til dit bord - et vidnesbyrd om tilfredsheden ved at opnå resultater i bagerikvalitet derhjemme.

Uanset om du har nydt de klassiske chokolade-éclairs, eksperimenteret med frugtfyldte variationer eller perfektioneret kunsten med silkeblødt wienerbrødscreme, stoler vi på, at disse opskrifter og teknikker har inspireret dig til at omfavne éclairs verden med tillid. Ud over ingredienserne og trinene, må konceptet med at lave franske éclairs blive en kilde til stolthed, kreativitet og glæden ved at dele disse udsøgte lækkerier med familie og venner.

Mens du fortsætter din kulinariske rejse, må den "ULTIMAT FRANSK ÉCLAIRS LEDELSE" være din betroede følgesvend, der giver dig viden og inspiration til at skabe en række éclairs, der viser dine færdigheder og bringer et strejf af parisisk charme til dit hjem. Her er til at mestre kunsten at lave éclair og nyde de søde øjeblikke af succes - bon appetit!

www.ingramcontent.com/pod-product-compliance
Lightning Source LLC
Chambersburg PA
CBHW071302110526
44591CB00010B/745